Anselm Grün OSB / Gerhard Riedl

Mystik
und Eros

VIER-TÜRME-VERLAG MÜNSTERSCHWARZACH
1993

Die Deutsche Bibliothek – CIP- Einheitsaufnahme

Grün, Anselm:
Mystik und Eros / Anselm Grün ; Gerhard Riedl. –
1. Aufl. – Münsterschwarzach: Vier-Türme-Verl., 1993
   (Münsterschwarzacher Kleinschriften; Bd 76)
   ISBN 3-87868-472-X
NE: Riedl, Gerhard:; GT

3. Auflage 1994

Gesamtherstellung: Vier-Türme-Verlag, D-97359 Münsterschwarzach Abtei
© by Vier-Türme-Verlag, Münsterschwarzach Abtei
ISSN 0171-6360
ISBN 3-87868-472-X

MÜNSTERSCHWARZACHER KLEINSCHRIFTEN

herausgegeben
von den Mönchen der Abtei Münsterschwarzach

Band 76

Anselm Grün OSB / Gerhard Riedl

Mystik
und Eros

VIER-TÜRME-VERLAG MÜNSTERSCHWARZACH
1993

INHALT

Einleitung

Walter Schubart beginnt sein Buch „Religion und Eros" mit dem bedeutungsschweren Satz: „Das Religiöse und das Geschlechtliche sind die beiden stärksten Lebensmächte. Wer sie für ursprüngliche Widersacher hält, lehrt die ewige Zwiespältigkeit der Seele. Wer sie zu unversöhnlichen Feinden macht, zerreißt das menschliche Herz" (Schubart 7) In der Geschichte der Religionen lassen sich überall zwei Strömungen beobachten: die eine, die durch Verzicht auf die Sexualität, durch Askese und Enthaltsamkeit zu Gott kommen möchte; und die andere, die durch Sexualität und Eros Gott erfährt. Offensichtlich entsprechen beide Wege der menschlichen Erfahrung. Sexualität und Eros werden von vielen als Gefahr für die Spiritualität erlebt. Andere dagegen spüren, daß gerade die Sexualität die größte spirituelle Kraft sein könnte. Wir möchten in dieser Kleinschrift der mystischen Tradition folgen, die aus Erfahrung weiß, daß die Sexualität eine Quelle von Spiritualität ist und daß der Eros den Menschen zum Einswerden mit Gott führen möchte. Die mystische Tradition des Christentums möchte die unheilvolle Spaltung zwischen Eros und Religion überwinden und so das zerrissene menschliche Herz heilen. So sollen in dieser Kleinschrift Männer und Frauen zu Wort kommen, die in ihrem Leben eine Einheit zwischen Mystik und Eros, zwischen Sexualität und Spiritualität erlebt haben. Dabei war es auch bei ihnen keine dauernde Einheit, sondern mitten in ihrem Ringen immer wieder gnadenhafte Erfahrung. Wir möchten in dieser Kleinschrift die Erfahrungen der Mystiker im Dialog mit der Psychologie für uns heute fruchtbar werden lassen. Wir hoffen, daß trotz aller Spannung, die zwischen Sexualität und Spiritualität besteht, die Möglichkeit deutlich wird, Mystik und Eros miteinander zu versöhnen und so eine Spiritualität zu leben, die gemäß benediktinischer Tradition „Lust am Leben" sein möchte.

Wenn wir viele Zeugen mystischer Erfahrung zu Wort kommen lassen, so könnte das bei manchen ein schlechtes Gewissen erzeugen, da diese Erfahrungen für sie vielleicht weit weg sind von ihrem alltäglichen Erlebnisraum. Im letzten Jahr haben drei junge Mitbrüder unsere Gemeinschaft verlassen. In den Diözesen geben seit etwa drei Jahren verstärkt Priester ihr Amt auf. Bei den meisten sind die Schwierigkeiten mit der Ehelosigkeit ein Hauptgrund. Offensichtlich gelingt es ihnen nicht, ihre Sexualität zur Quelle ihres spirituellen Lebens zu verwandeln und Eros und Mystik miteinander zu verbinden. Gerade auf dem Hintergrund unserer kirchlichen Realität möchten wir die Möglichkeit erforschen, Ehelosigkeit so zu leben, daß die Sexualität zur spirituellen Kraft wird. Und wir haben auch die Realität vieler Ehen im Blick, die gerade deshalb scheitern, weil in den Medien oft zu hohe Erwartungen an die Sexualität geweckt werden. Es ist offensichtlich nicht so leicht, Sexualität in der Ehe so zu leben, daß sie Ausdruck gegenseitiger Liebe und Achtung und zugleich spirituelle Erfahrung wird. Manche Männer fordern von ihren Frauen den sexuellen Akt, weil sie ihn zur Entspannung brauchen. Andere sehen in der Sexualität nicht mehr als einen Trieb, der befriedigt werden muß. Wir möchten das Thema Mystik und Eros gerade auf dem Hintergrund des Scheiterns behandeln, das viele im Umgang mit ihrer Sexualität erfahren. Viele Priester und Ordensleute leben unbewußt auf zwei Ebenen. Da ist die Ebene ihrer spirituellen

Ideale und die Ebene ihrer menschlichen Bedürfnisse, ihrer Sexualität. Gotteserfahrung und Sexualität stehen für viele im Widerspruch. Ähnlich erleben es viele Eheleute. Da bemühen sie sich auf der einen Seite um ein gutes moralisches und religiöses Leben, und auf der andern Seite leben sie ihre Sexualität völlig isoliert. Wir möchten in dieser Kleinschrift die beiden Pole der Spiritualität und der Sexualität, der Mystik und des Eros wieder zusammenbringen. Eine gute Verbindung von Mystik und Eros könnte nicht nur den menschlichen Umgang mit der Sexualität befruchten, sondern auch der Spiritualität eine neue Kraft und Leidenschaftlichkeit schenken. Eine erosgetränkte Mystik wäre eine Antwort auf die religiöse Sehnsucht unserer Zeit, die sich immer mehr von der Kirche und ihren Antworten abwendet. Wir wissen um die Gefahr, Menschen in Traurigkeit zu stürzen, wenn man ihnen zu hohe und ideale Gedanken verkündet. Wir möchten den Leser nicht entmutigen, indem wir ihm zu hohe Ideale aufzeigen, sondern ihn dazu ermutigen, seine eigenen Erfahrungen ernst zu nehmen, in denen er etwas vom Einssein und Wachsein, von erotischer Spiritualität und mystischem Eros erahnt hat. Mystik ist nicht für wenige Auserwählte. Gott will uns auch heute nahekommen und sich uns schenken. Und der Eros ist auch heute die Spur, auf der wir Gott erahnen und ertasten dürfen.

Mystik ist heute ein Modewort geworden. Am Markt erscheinen zahlreiche Bücher über Mystik. Und allenthalben wird das Rahnerwort zitiert, der Christ der Zukunft werde ein Mystiker sein oder er werde nicht mehr sein. Was man allerdings unter Mystik zu verstehen habe, das wird in den vielen Büchern oft nicht sichtbar. Für andere ist Mystik zu einem Reizwort geworden. Sie vermuten dahinter frömmelnde Traktate, Beschreibungen von Visionen und außerordentlichen Erfahrungen und eine weltferne Haltung. In dieser Kleinschrift geht es uns darum, Mystik so zu beschreiben, daß wir darin auch einen Weg für uns erkennen können. Daher möchten wir bei einigen psychologischen Schulen anfragen, wie sie Mystik verstehen. Der Dialog mit der Psychologie soll zeigen, daß Mystik nicht nur ein religiöser, sondern auch ein therapeutischer Weg ist, daß das Einswerden mit Gott auch unsere Wunden heilt, uns befreit von innerer und äußerer Abhängigkeit und uns zu unserem wahren Selbst führt. Und es kann deutlich werden, daß der mystische Weg grundsätzlich verschieden ist vom moralischen Weg, der heute von der Kirche wieder so stark betont wird. Der mystische Weg geht nicht von Moralprinzipien aus, sondern von der Erfahrung Gottes, die den Menschen in seinem Innersten verwandelt und auch sein Verhalten erneuert. Während die Moral den Menschen zu verbessern und zu verändern sucht, indem sie ihm von außen Gebote und Normen vorschreibt, wandelt die Mystik den Menschen von innen her um. Wer sich ganz und gar Gott überläßt und mit ihm eins wird, der wird von seinem Geist durchdrungen. Gottes Geist wird dann auch sein Denken und Handeln prägen. Wie die Kirchengeschichte zeigt, hat der moralische Weg die Menschen sehr wenig verändert, während auf dem mystischen Weg viele heil und heilig wurden.

Seit jeher haben Mystiker ihre Erfahrungen in einer erotischen Sprache ausgedrückt. Daher ist es für uns ein besonderes Anliegen, die Beziehung von Mystik und Eros, von Spiritualität und Sexualität, anzuschauen. Offensichtlich haben die Mystiker Sexualität als Quelle ihrer Sehnsucht nach dem Einswerden mit Gott erlebt und eine

Verwandtschaft zwischen Eros und Mystik gesehen. Die Kirche hat lange Zeit die Sexualität eher defensiv gesehen, als einen Trieb, der in Zaum gehalten werden muß. Doch innerhalb der Kirche gab es eben auch andere Erfahrungen. Von diesen zu lernen und in der Sexualität eine spirituelle Quelle und Kraft zu entdecken, wäre eine lohnende Aufgabe. Es ist bezeichnend, daß die Integration der Sexualität in den mystischen Weg vor allem von Frauen vorgelebt worden ist.

Wenn wir Mystik definieren wollen, stoßen wir auf Schwierigkeiten. Es gibt in der Geschichte der Spiritualität keine Übereinstimmung, was man unter Mystik genau zu verstehen habe. Die einen setzen Mystik mit Spiritualität gleich, für andere bezieht sich Mystik nur auf außerordentliche Erfahrungen Gottes. Beierwaltes meint, es gebe einen Minimalkonsens im Verständnis der Mystik als „Eins-Werden des Menschen (seines Bewußtseins) mit einem göttlichen Prinzip" (Beierwaltes 39). L. Richter definiert Mystik im RGG als „die direkte Bewußtwerdung der Gegenwart des Göttlichen und ... Urphänomen von größter Intensität und lebendigster Innerlichkeit." (RGG 1237) Thomas von Aquin nennt Mystik die cognitio Dei experimentalis. Der Mystikforscher Alois Haas definiert: „Mystische Erfahrung ist ein am Mysterium orientiertes, nicht leicht mitteilbares, letztlich unsagbares Erkenntnis- und/oder Liebesgeschehen zwischen Mensch und Gott, das vom Menschen als gnadenhafte, ohne Anstrengung empfangene Einigung mit Gott erfahren wird." (Haas 43) Der Philosoph Wolfgang Struve meint, in der Mystik gehe es nicht um Angleichung an Gott (Homoiosis), sondern um Einswerden (Henosis). „Mystik ist nicht und nie idealistisch, sondern realistisch." (Struve 124) Ihr geht es nicht um Vollkommenheit, sondern um Wirklichkeit.

Für den Gestaltpsychologen de Roeck besteht Mystik in der Achtsamkeit und Aufmerksamkeit: „Mystik ist für mich, aufmerksam sein, nicht für die weit entfernten Warums, sondern für die lebendigen Wurzeln von Dingen und Menschen ganz in der Nähe. Den Rhythmus erleben, in dem ich und die anderen und die Welt schwindelerregend zusammenfallen und dann wieder einzeln sind. Immer mehr Türen, die sich auftun und gleichzeitig immer deutlicher alleine sein im eigenen Haus. Wesensverwandtschaft und unendliche Entfremdung. Neue Augen, um das Leben in anderen Zusammenhängen zu sehen. Ohren, um den Herzschlag des Weltalls zu vernehmen." (de Roeck 88)

Vom Wort her leitet sich Mystik ab vom griechischen Adjektiv mystikos, das den Verben myo, Augen und Mund verschließen, um eines Geheimnisses inne zu werden, und myeo, in die Mysterien einführen, zugeordnet ist. Mystik war bei den Griechen ursprünglich die Einweihung in die Mysterien. Im Kult erwartete man, eins zu werden mit dem Gott, dessen Schicksal man feierte. Plato entwickelt von den Mysterien ausgehend in den Dialogen Symposion und Phaidros eine philosophische Mystik, „wo er den Aufstieg des Geistes zur höchsten, wahrhaft geistigen Schau mit der Erotik verbindet" (Haas 29). Die neuplatonische Philosophie versteht Mystik dagegen nicht mehr kultisch, sondern spirituell. Mystik ist die Erkenntnis einer ins Geheimnis gehüllten Wahrheit. Sie bezieht sich auf den verhüllten göttlichen Seinsgrund, dessen nur der inne werden kann, der sich von der Menge trennt und sich durch Askese und Meditation für Gott öffnet. (Vgl. Wulf 182)

Wenn wir die Geschichte der Mystik anschauen, so können wir zwei verschiedene Typen von

Mystik unterscheiden, die Mystik des Einswerdens mit Gott im eigenen Seelengrund, die von manchen auch Wesensmystik genannt wird, und die Liebesmystik, die sich im Mittelalter vor allem als Brautmystik entfaltet und zum großen Teil von Frauen getragen wird. Die Unterscheidung in diese beiden Arten von Mystik ist natürlich relativ. Denn auch bei der Mystik des Einswerdens spielt die Liebe zu Gott, der unsre tiefste Sehnsucht erfüllt, eine große Rolle. Und auch bei der Liebesmystik geht es letztlich um Einswerden und Verschmelzen mit dem Geliebten. Aber dennoch scheint mir diese Unterscheidung wichtig. Zum einen befreit sie uns von dem Eindruck, als ob Mystik immer mit außergewöhnlichen Erfahrungen und frommen Seelenergüssen zu tun habe. Zum andern überwindet sie den Gegensatz, den manche Theologen so gerne zwischen christlicher und außerchristlicher Mystik festhalten möchten, den Gegensatz zwischen einer Du-Mystik und einer Seins-Mystik. In der christlichen Tradition gibt es beide Pole: die Sehnsucht nach dem liebenden Du Gottes, das Sich-Ausstrecken nach dem Geliebten; und das Einswerden mit Gott auf dem Grund meiner Seele, das Eintauchen in die Tiefen meiner Seele, das Einswerden mit meinem innersten Wesen, das zugleich Einswerden mit Gott ist.

Bei beiden Weisen der Mystik spielt der Eros eine große Rolle. Dabei ist nicht ganz klar, was unter Eros zu verstehen ist. In den griechischen Mythen ist Eros manchmal der erste der Götter, der aus dem Weltei schlüpft und das Gegensätzliche miteinander vereint. Andere Mythen schildern Eros als wilden Knaben, der weder vor Alter noch Rang Achtung zeigt, wahllos seine Pfeile verschießt und damit menschliche Herzen verwundet. Plato sieht den Eros als „Mittelwesen zwischen Sterblichen und Unsterblichen" (Jung 5,210). Jung spricht von der erotischen Skala der vier Frauen: Eva, Helena, Maria und Sophia. Eva ist die Urmutter, Helena bezeichnet den „vorherrschend sexuellen Eros, aber auf ästhetischem und romantischem Niveau" (Jung, 16,186). Maria „erhöht den Eros zur höchsten Wertschätzung und zur religiösen Devotion und vergeistigt ihn damit." Sophia meint die Weisheit des Eros. Sie „stellt eine Vergeistigung der Helena, also des Eros schlechthin dar." (Ebd 186) Eros ist also mehr als Sexualität. „Gewiß steht Eros in Bezug zur Sexualität, deckt sich aber nicht mit ihr... Eros vermag die Sexualität zu durchdringen, zu humanisieren, im letzten aber übersteigt er sie. Er ist ein ‚energetisches Potential' (P.K. Kurz), das nicht nur geschlechtliche Anziehung bewirkt, sondern auch den Menschen in Beziehung setzt zu Sprache, Welt, Natur, Beruf und sozialen Gruppen, zur Kunst. Ohne Eros gäbe es auch kaum eine das Herz anrührende und bewegende Religion." (Stoeckle 332f) Wenn wir von Mystik und Eros sprechen, dann müssen wir die Vielgestaltigkeit des Eros vor Augen haben. Der Eros kann die Triebkraft sein, die uns eins werden läßt mit Gott. Er kann uns aber auch überfallen und uns verwunden, so wie der wilde Jüngling der griechischen Mythologie.

Nach Sokrates hat der Eros „in sich den Drang nach Heilung und Gesundheit. Er ist die psychische Energie, die uns antreibt, der es darum geht, daß wir wachsen, uns ausstrecken, Bindungen, Verknüpfungen mit anderen und anderem herstellen; daß wir uns nicht mit dem zufriedengeben, was da ist, sondern uns aufmachen in der Suche nach dem Schönen und Schönerem, der Wahrheit. Eros ist, so erfahren wir in Platons Symposium, der Gott, der den kreativen Geist

14

des Menschen schafft. Eros ist das Drängen in uns, das uns nach Vereinigung mit einer anderen Person in sexueller oder anderer Form von Liebe verlangen läßt. Eros weckt in uns die Sehnsucht nach Wissen, läßt uns leidenschaftlich die Vereinigung mit der Wahrheit suchen. Er ist das Verlangen nach Ganzheit, nach Sinn, nach Integration." (Müller, Intimität 65) Eros als die Sehnsucht nach Verschmelzung mit dem Geliebten und als Sehnsucht nach dem wahren Leben treibt uns auch auf dem geistlichen Weg immer wieder an, nicht aufzuhören, bis wir eins werden dürfen mit Gott, bis wir über uns selbst hinauswachsen und in der Ekstase der Liebe in Gott hinein an das Geheimnis der Liebe überhaupt rühren.

Wenn wir Mystik und Eros beschreiben wollen, kommen wir an die Grenze unserer sprachlichen Möglichkeiten. Noch schwieriger ist es, die Beziehung zwischen beiden Polen angemessen auszudrücken. Da wir von uns nicht behaupten können, daß wir Mystik und Eros verstehen und daß wir ihre Beziehung genau kennen, zitieren wir in dieser Kleinschrift viele Autoren, die sich mit diesem Thema beschäftigt haben. Wir ahnen nur, daß Mystik und Eros eine innere Einheit bilden und daß sie sich gegenseitig befruchten. Und wir glauben, daß die Verbindung von mystischer und erotischer Spiritualität gerade eine Antwort auf die Probleme unserer Zeit wäre, auf die religiöse Sehnsucht vieler Menschen und auf ihre Suche nach einer wahrhaft menschlich gelebten Sexualität. Aber zugleich müssen wir gestehen, daß wir immer wieder an Grenzen kommen, wenn wir beschreiben wollen, wie wir nun unsere Sexualität in die Beziehung zu Gott integrieren können. Die Verbindung von Mystik und Eros gilt nicht nur für Ehelose, die damit gleichsam einen Ersatz für ihre ungelebte Sexualität hätten. Es ist vielmehr ein Thema auch für Eheleute, die ihre Sexualität so leben, daß das Transzendenzpotential, das in ihr steckt, mit gespürt wird und sie über sich hinaus führt in Gott hinein. Daher hat neben einem Mönch auch ein Ehemann und Vater von vier Kindern an dieser Kleinschrift mitgearbeitet. Vielleicht können die verschiedenen Autoren, die wir immer wieder zitieren, von vielen Seiten her ein neues Licht auf dieses zentrale Thema unserer Spiritualität werfen.

I. DIE MYSTIK DES EINSWERDENS

1. Die spirituelle Tradition

Die Mystik des Einswerdens finden wir vor allem bei den griechischen Kirchenvätern, bei Origines, Evagrius Ponticus, Gregor von Nyssa und Dionysius Areopagita. Bei Origines hat Mystik eine dreifache Bedeutung, eine kultische, kerygmatische und theologische. Mystisch werden die Kultgegenstände und Riten genannt, weil sie ein göttliches Geheimnis symbolisieren. Mystisch ist der verborgene geistliche Schriftsinn und mystisch ist die geheimnisvolle Gemeinschaft des Christen mit Christus, die Origines als Gottesgeburt in der Seele des Menschen beschreibt. In der Auslegung des Hohenliedes sieht er in der Braut die Seele des Menschen, die sich danach sehnt, mit dem Bräutigam, mit Christus, eins zu werden. Origines benutzt die Sprache der Liebe im Hohenlied, um die mystische Erfahrung auszudrücken, daß Gott mit der menschlichen Seele eins werden möchte. Die Liebe, die das Hohelied besingt, ist die Liebe „zwischen Brautleuten oder Eheleuten, die immer vom Wunsch nach Nähe und Zärtlichkeit und vom Drang nach Vereinigung beherrscht wird. Ihre Sprache eignet sich naturgemäß besonders gut zur Darstellung und Deutung mystischen Lebens, das auf eine innerliche Vereinigung mit dem göttlichen Gegenüber hinstrebt." (Köpf 62) So hat schon Origines seine Mystik, in der es um das Einswerden mit Gott in der Seele geht, als Brautmystik beschrieben. Er hat die Sprache der Erotik benutzt, um unsere Beziehung zu Gott verständlich zu machen. Bei ihm sind Liebesmystik und Mystik des Einswerdens miteinander verschmolzen. Bei Evagrius Ponticus tritt diese eher emotionale Sprache zurück. Evagrius spricht von der Kontemplation als dem Ziel des geistlichen Weges. Er kennt eine zweifache Kontemplation: zum einen die Kontemplation der Schöpfung, die theoria physike oder die Gnosis ton onton aletes, das Wissen um das Wesen der existierenden Dinge, und zum andern die Kontemplation des dreifaltigen Gottes. Diese zweite Art der Kontemplation „umfaßt mit die Erkenntnis der Beschaffenheit des Geistes und das Wissen um seine Unvergänglichkeit." (Praktikos 3) Die Kontemplation der Schöpfung führt zu einer neuen Sicht der Dinge. Sie richtet sich „auf die strukturierte Ordnung des Universums, die Verschiedenartigkeit der Naturvorgänge und die Natursymbole, von denen unsere Welt voll ist. All das liefert dem, der reinen Herzens ist, das Material, das ihm hilft, die Wege Gottes besser zu verstehen, und läßt ihn ein wenig mehr über das Wesen Gottes selbst erkennen." (Bamberger 17) Die Kontemplation ist also nicht weltlos, sie sieht vielmehr die Welt, wie sie wirklich ist, sie berührt das Wesen aller Dinge. John Eudes Bamberger vergleicht die theoria physike mit der hinduistischen Auffassung von der „Tattva (Wesenheit) der Dinge" (73) Ich sehe in den Dingen Gott, ich erkenne in der Schöpfung den Schöpfer und begegne ihm überall, wo ich in Berührung bin mit dieser Welt. Ich betrachte eine Blume so, daß ich in ihr Gott selbst sehe in seiner Herrlichkeit und Liebe. Ich berühre den Grund allen Seins. De Mello nennt diese Haltung das Wachwerden, die reine Bewußtheit. Ich erlebe die Wirklichkeit in ihrem wahren Sein, ohne sie zu manipulieren, ohne sie durch die Brille meiner Vorurteile und Bedürfnisse zu entstellen. In dieser Haltung des reinen Bewußtseins berühre ich in allem Gott selbst, den geheimnisvollen Grund allen Seins. Das Ziel der Kontemplation ist die Schau der Hl. Dreifaltigkeit. „Diese Schau ist aber jenseits aller Form, sie ist vollkommen einfach." (Bamberger 19) Sie verlangt, daß der Mensch ganz und gar frei wird von allem begrifflichen Denken und von seinen Leidenschaften. Die Apatheia, ein Zustand, in dem die Leidenschaften uns nicht mehr beherrschen, sondern miteinander im Einklang sind, ist die Voraussetzung für die Kontemplation. In der Apatheia wird der menschliche Geist ganz rein und lauter, offen für Gott und zugleich einfach und gesund. Die Kontemplation erst, so meint Evagrius, macht die Seele ganz gesund. Die Einheit mit Gott ist das eigentliche Ziel des Menschen, sie führt ihn dazu, daß das Bild Gottes in ihm aufleuchtet, und sie bewirkt die wahre Einheit des menschlichen Geistes. „Evagrius spricht von der Einheit, um damit auszudrücken, daß ein solcher Mensch in liebender Vereinigung zur vollkommenen Erkenntnis der Hl. Dreifaltigkeit gekommen ist." (Bamberger 20) Die Kontemplation verwandelt auch die menschliche Seele. Sie bewirkt, daß das Licht Gottes in der Seele zu leuchten beginnt: „Wenn ein Mensch den alten Menschen abgelegt und den neuen Menschen angezogen hat, der eine Schöpfung der Liebe ist, dann wird er zur Stunde des Gebetes erkennen, wie sein Zustand einem Saphir gleicht, der klar und hell wie der Himmel leuchtet. Mit dem Ausdruck ‚Ort Gottes' meint die Schrift genau diese Erfahrung." (Ebd 20) Die Seele selbst wird zum Ort Gottes, sie gelangt zu ihrem innersten Kern, in ihren Grund, in dem sie Gott als gegenwärtig erfährt. Evagrius bezeichnet den „Ort Gottes" auch als „Schau des Friedens, an dem einer in sich jenen Frieden schaut, der erhabener ist als jedes Verstehen und der unsere Herzen behütet." (Brief

39) In diesem leidenschaftslosen Teil der Seele findet der Mensch seinen Frieden, da hat niemand Macht über ihn, da sieht er sein eigenes Licht (Prakt 60), da ist er ganz er selbst geworden. Das Einssein mit Gott hat ihn auch eins mit seinem wahren Wesen werden lassen. Es bewirkt in ihm die apatheia, die Gesundheit der Seele.

Kontemplation meint, daß wir alle Gedanken und Bilder, alle Vorstellungen und Gefühle, hinter uns lassen und jenseits des Denkens und Fühlens eins werden mit Gott. Dieses Einswerden ist ein Vergessen seiner selbst und zugleich höchstes Sich-seiner-Bewußtsein. Ich reflektiere nicht über dieses Einswerden. Vielmehr hören da alle Gedanken auf. Ich bin einfach da, ich bin in Gott, ich bin ganz im Augenblick, ich übersteige die Zeit, ich berühre die Ewigkeit. Es ist die Erfahrung der Erleuchtung, die der Buddhismus Satori nennt. Ich habe keine Vision, ich sehe keine Erscheinungen, sondern ich blicke durch, ich schaue auf den Grund allen Seins. Auf einmal wird alles klar. Ich spüre, es ist alles gut. Alles hat einen Sinn. Ich bin einverstanden mit Gott, mit mir und meinem Leben, mit allem. Ich berühre das Geheimnis hinter allen Dingen, den Grund des Seins, ich berühre Gott selbst. Das hebt mein Denken und Fühlen auf. Ich bin nur da. Ich erahne, was das Geheimnis Gottes ist, der von sich nur sagt: Ich bin, der ich bin. Reines Sein wird fühlbar. Alles ist gut, alles ist von Gott durchdrungen. Gott IST.

Gregor von Nyssa, den Rahner den Vater der christlichen Mystik nennt, erfährt Gott in seiner bleibenden Unerkennbarkeit. Gott ist allem menschlichen Zugriff entzogen. Doch da der Mensch gottähnlich ist, läßt sich Gott von der menschlichen Seele erspüren und erfahren. Der Mensch streckt sich nach Gott aus, er tritt aus sich heraus in der Ekstase oder Epekstase, aber er kann den unendlichen Gott nie erreichen. Es ist die Liebe, die den Menschen aus sich heraustreibt zur Wanderung zum Unendlichen. Der Mensch entdeckt in sich einen „tief innen steckenden Pfeil der Liebe, das ist: die Teilnahme an Seiner Gottheit. Denn Gott, wie gesagt, ist die Liebe, die durch die Spitze des Glaubens dem Herzen sich einbohrt." (Chr.Mystik 66) Gott selbst hat den Menschen mit seiner Liebe verwundet. So macht sich der von Liebe wunde Mensch auf, diesen Gott zu suchen, bis er mit ihm eins wird. Er rühmt sich seiner „Wunde, wenn er im Abgrund des Herzens die Schärfe körperlosen Begehrens empfing" (Ebd 68). Es ist eine erotische Liebe, die den Menschen sehnsüchtig nach Gott suchen läßt, so wie die Braut im Hohenlied nach dem Bräutigam sucht, eine Liebe voller Begehren, aber eben eines körperlosen Begehrens, das die Liebe zwischen Mann und Frau immer wieder übersteigt.

Den größten Einfluß auf die Theologie der Mystik hat Dionysius der Areopagite ausgeübt, der etwa um das Jahr 500 sein Buch über die mystische Theologie geschrieben hat. Für Dionysius ist Mystik „eine unaussprechliche Form von Erfahrungserkenntnis göttlicher Dinge" (Lex Spir), die Erfahrung einer unsichtbaren Welt, die der Schrift gemäß in Jesus Christus zu uns gekommen ist und zu der die Liturgie Zugang verschafft. Dionysius betont die Unerkennbarkeit Gottes. Er erscheint uns nur im Dunkel, so wie er Mose in der dunklen Wolke erschienen ist. In seiner mystischen Theologie schreibt er: „Du aber, o lieber Timotheus, der du dich ernsthaft um die mystische Schau mühst, laß die Wahrnehmungen, und alles Sinnenhafte, und Geistige, und alles Nichtseiende, und Seiende, und strebe erkenntnislos zum Geeintwerden – soweit es dir möglich ist

– mit Dem, der alles Sein und Erkennen übersteigt. Durch das rein, in Freiwerden und Ablösen von allem geschehende Hinaustreten aus dir wirst du alles von dir abtuend und von allem gelöst, hinangehoben zum überwesentlichen Strahl des göttlichen Dunkels." (Chr.Mystik 92) Wir müssen alles Sichtbare übersteigen, alles Wissen hinter uns lassen, damit wir versinken „in das Dunkel, das in Wahrheit mystisch ist, alles Wißbare hinter sich lassend" (Ebd 95)

Die Einheitsmystik finden wir auch wieder in einer Szene aus der Lebensbeschreibung des hl. Benedikt durch Papst Gregor. Benedikt steht um Mitternacht an seinem Fenster und sieht plötzlich ein helles Licht, das alle Dunkelheit vertreibt. „Eine wunderbare Wahrnehmung war damit verbunden. Wie er später selbst erzählte, wurde ihm die ganze Welt wie in einem einzigen Sonnenstrahl gesammelt vor Augen geführt." (Dialoge 132) Benedikt sieht die ganze Welt mit einem einzigen Blick, er schaut durch alles hindurch auf den Grund der Welt, auf Gott, das alles durchdringende Geheimnis. Gregor erklärt diese mystische Schau der Welt in Gott so: „Der Seele, die den Schöpfer sieht, erscheint die ganze Schöpfung begrenzt. Denn für jede Seele, die auch nur ein wenig vom Licht des Schöpfers geschaut hat, schwindet alles zusammen, was geschaffen ist; weitet sich doch ihr Fassungsvermögen durch das Licht innerer Schau und dehnt sich so in Gott hinein aus, daß sie über der Welt steht. Die Seele des Schauenden wird sogar über sich selbst hinausgehoben werden. Wenn sie im Lichte Gottes ihrer selbst entrückt ist, wird sie innerlich weit." (Ebd 134f) Benedikt wird nicht nur eins mit Gott, sondern in Gott auch eins mit der ganzen Welt. Er berührt den innersten Grund der Welt, den göttlichen Wurzelboden. Er geht so mit der Welt um, daß er darin Gott selbst erkennt. Die Welt hat keine Macht über ihn, vielmehr wird sie für ihn zum Spiegel für Gottes Herrlichkeit. Hier wird etwas vom spirituellen Umgang mit der Materie sichtbar, der wir in der Regel Benedikts auf Schritt und Tritt begegnen. In der Schöpfung berührt Benedikt den Schöpfer, in der Materie Gott selbst. Gott und Welt sind nicht voneinander getrennt, die Welt ist vielmehr durchlässig für Gott und Gott wird durch die Welt erfaßt. Durch das Eins-werden mit Gott weitet sich das Herz Benedikts, so daß die ganze Welt darin Platz hat. In der Liebe berührt er alle Menschen und den gesamten Kosmos. Er wird über sich hinausgehoben, in eine Ekstase in Gott und in die Welt hinein. In der Ekstase verschmilzt Benedikt mit der Schöpfung. Das ist die gleiche Erfahrung, die wir in der Sexualität ersehnen, daß wir über uns selbst hinauswachsen und eins werden mit dem Grund allen Seins. Die Sehnsucht nach Einheit, nach Verschmelzung, prägt sowohl die sexuelle als auch die mystische Erfahrung.

In seiner Regel hat Benedikt seine mystische Theologie vor allem im 7. Kapitel über die Demut entfaltet. Die 12 Stufen der Demut führen „zu jener Gottesliebe, die vollkommen ist und die Furcht vertreibt". (RB 7,67) Zu Beginn dieses mystischen Aufstiegs zu Gott beschreibt Benedikt das Bild der Jakobsleiter, die für die Kirchenväter ein Hinweis auf die Kontemplation ist. Origines sieht in der Jakobsleiter den spirituellen Aufstieg des Menschen zu Gott dargestellt. Johannes Climacus hat die spirituelle Leiter zum tragenden Bild seiner geistlichen Lehre gemacht. Ziel dieses Aufstiegs ist die Liebe. Andere Kirchenväter sehen in der Himmelsleiter das Kreuz Christi vorgeprägt. Das Kreuz Christi verbindet Himmel und Erde. Durch seinen Hinabstieg zu uns

Menschen und durch seinen Aufstieg zu Gott hat Christus uns erlöst und uns einen Weg zu Gott eröffnet. Augustinus nennt Christus selbst unsere Leiter, scala nostra. Die Holme der Leiter sind für viele Kirchenväter die beiden Testamente oder die Gottes- und Nächstenliebe. Die Stufen sind die verschiedenen Tugenden. Benedikt steht in der Tradition der mystischen Deutung der Jakobsleiter, aber zugleich eröffnet er uns eine neue Sicht. Für ihn sind die Holme der Leiter Leib und Seele des Menschen. Wir selbst, mit unserem Leib und unserer Seele, sind die Leiter zu Gott. Gott hat die Leiter, die uns zur Kontemplation, zur Einswerdung mit Gott führt, in unsere leibseelische Existenz hineingestellt. Gott hat in unserem Leib und in unserer Seele Himmel und Erde miteinander verbunden. Engel steigen auf der Leiter unseres Leibes und unserer Seele auf und nieder und heben unsere gesamte Existenz in Gott hinein. Die Stufen, die uns zu Gott führen, sind für Benedikt die 12 Stufen der Demut, Stufen fortschreitender Selbsterkenntnis und Gotteserkenntnis. Je mehr wir uns selbst begegnen, je mehr wir unsere Menschlichkeit, unsere Erdhaftigkeit, unsere humilitas, erkennen und annehmen, desto mehr gehen wir in Gott hinein, desto höher steigen wir auf der Leiter zu Gott. Das Ziel dieses Aufstiegs ist die vollkommene Liebe, die Gott selbst uns schenkt und in der wir so sehr mit Gott eins werden dürfen, daß wir in unserem Herzen mit ihm zusammenwachsen und von innen heraus tun, was ihm entspricht. Der Weg zu Gott führt nach der Regel Benedikts über das Hinabsteigen in die eigene Wirklichkeit, in die Realität des Leibes und der Seele, in die Realität des Alltags mit seinen Mühen, in die Wirklichkeit der Arbeit und der Beziehung zu den Menschen. Der Leib als ein Holm, der die Stufen der Leiter zusammenhält, meint auch die Sexualität und den Eros. Die Leiter zu Gott beginnt bei Benedikt in der Spannung von Leib und Seele, von Eros und Mystik. Nicht am Leib, nicht an der Sexualität vorbei, sondern durch sie hindurch steigen wir zu Gott auf. Demut als humilitas meint das Ernstnehmen des Humus, der Erde, des Leibes, der Sexualität. Benedikts Mystik ist eine geerdete Mystik. Die Leiter, die zu Gott führt, ist in die Erde gerammt, ist in unsern Leib hineingestellt. Der spirituelle Umgang mit dem Leib und mit der konkreten Realität unseres Lebens ist der Aufstieg zu Gott. Im Hinabsteigen auf die Erde, in den Leib hinein, berühren wir Gott und werden zu ihm emporgehoben. Die beiden Pole von Leib und Seele, von Eros und Mystik, führen uns zur vollkommenen Liebe in Gott, zur Schau Gottes und zum Einswerden mit Gott in der Kontemplation. Wer die 12 Stufen der Demut in die Realität seines Leibes und seiner Seele hineinsteigt, der gelangt schließlich zur Gipfelerfahrung der Liebe, zur celsitudo perfectionis. Ihm weitet sich das Herz, er berührt in der Ekstase der Liebe Gott selbst. Aufstieg zu Gott durch Annahme meiner Menschlichkeit, Weitung des Herzens durch die Liebe und Gipfelerfahrung der Ekstase durch ein Leben in den festen und klaren Formen der Regel, diese drei Aspekte beschreiben die benediktinische Mystik. Es ist eine Mystik, die uns durch die Welt und durch die konkrete Wirklichkeit unseres Lebens in Gott hinein erhebt.

Der Mystik des Einswerdens geht es darum, daß Gott schon in uns ist. Wenn wir Gott finden wollen, so müssen wir in die eigene Seele schauen. Im Innersten der Seele, auf dem Seelengrund, im inneren Heiligtum, da wohnt Gott. Auch wenn wir in unserer Erfahrung nichts davon spüren, so ist in uns doch ein Raum, zu dem niemand Zutritt hat außer Gott. In diesem Raum des Schweigens, in dieser inneren Zelle, da sind wir ganz eins mit Gott und zugleich eins mit uns selbst. Da erkennen wir, wer wir in Wirklichkeit sind, da kommen wir in Berührung mit dem unberührten Bild Gottes in uns. Die Mystiker interpretieren das Innerste des Tempels, zu dem nur der Hohepriester Zutritt hatte, als das Sanctissimum der Seele, in das allein Gott eintreten darf. In ihm erfahren wir nicht nur Gott, sondern in Gott wahre Freiheit, Liebe und Schönheit. In Gott kommen wir zur Ruhe, da hat niemand Macht über uns. Nichts kann uns beunruhigen, nichts uns beherrschen. Gott ist der Gott, der uns herausführt aus aller Gefangenschaft und Abhängigkeit, der uns aus Ägypten in das Land der Kontemplation führt, in dem wir ganz wir selbst sein dürfen vor unserem Gott.

2. Mystik und transpersonale Psychologie

Die transpersonale Psychologie hat sich in den letzten Jahrzehnten eingehend mit der Mystik und mystischen Erfahrungen beschäftigt. Sie zeigt, daß die Mystik nicht nur ein Weg zu Gott ist, sondern auch zur wahren Freiheit des Menschen. Die transpersonale Psychologie, wie sie heute vor allem in Amerika betrieben wird, hat viele Väter. Da ist vor allem Abraham Maslow, der eine Psychologie der Motivation entwickelt hat. Zu den Bedürfnissen, die den Menschen motivieren, zählt er neben dem Bedürfnis nach Sicherheit, Besitz, Macht, Gruppenzugehörigkeit, Selbstwertgefühl und Selbstverwirklichung auch die sogenannten Metabedürfnisse, wie das Bedürfnis nach Wahrheit, Schönheit, Güte, nach Bewußtseinserweiterung, nach Einheit mit sich selbst und mit Gott, nach Selbsttranszendenz. Die Metabedürfnisse gehören wesentlich zum Menschen. „Sie gebieten Anbetung und Verehrung und verlangen Opfer. Es lohnt sich, für sie zu leben und für sie zu sterben. Sich in sie zu versenken und mit ihnen zu verschmelzen, ist das höchste Glück, dessen der Mensch fähig ist." (Maslow 152) Ebenso ist auch das spirituelle Leben ein wesentlicher Bereich des Menschen. „Ohne es ist die menschliche Natur nicht vollständig die menschliche Natur. Es gehört zum Wahren Selbst, zur Identität, zum Kern des Menschen." (Maslow 147) Maslow spricht von den Gipfelerfahrungen, die er mit der mystischen Erfahrung vergleicht: „Der Mensch tritt ein in das Absolute, er wird eins mit Ihm, und wenn auch nur für einen kurzen Augenblick. Dieser Augenblick verändert das Leben. Viele haben darüber gesagt, daß in ihm der Geist des Menschen innehalte, und daß sich ihm in diesem zeitlosen Augenblick die paradoxe, veränderlich/unveränderliche Natur des Universums erschließe." (Sinetar 146) Solche Gipfelerfahrungen können wir bei der Geburt eines Kindes machen, in einem Gespräch mit Freunden, beim Versenken in Musik, in der sexuellen Verschmelzung mit einem Partner/einer Partnerin, oder wenn unser Bewußtsein ganz klar wird, wenn wir zur reinen Bewußtheit erwachen. Gipfelerfahrung hat immer mit Ekstase zu tun. Wir werden aus der Enge unserer Wahrnehmung herausgerissen und eins mit dem Geheimnis allen Seins.

Ein anderer Vater der transpersonalen Psychologie ist der italienische Psychologe Roberto Assagioli, der als Begründer der Psychosynthese gilt. Assagioli erforscht nicht nur das Unterwußte, sondern auch das Überwußte. Wer mit dem Überbewußten in Berührung kommt, der kommt am Grund seiner selbst an und er erfährt eine Erweiterung seines Bewußtseins. „Die engen Grenzen des isolierten, von seinem Ursprung abgetrennten Ichs werden überschritten, verschwinden für einen Moment, und es entsteht das Gefühl, einem umfassenderen Bewußtsein anzugehören." (Assagioli 28) Assagioli spricht vom Erwachen der Seele, vom ersten grellen „Blitz des spirituellen Bewußtseins, der das ganze Wesen transformiert und erneuert" (Ebd 159): „Sehr häufig tritt auch das Gefühl der Erleuchtung im Sinne einer Lichtempfindung nicht-irdischen Ursprungs ein, durch welche die ganze Welt in einem neuen Licht erstrahlt und sich in neuer Schönheit darbietet. Dieses Licht läßt auch die Innenwelt erstrahlen und erhellt und zerstreut dabei alle Probleme und Zweifel. Es ist das intuitive Licht eines höheren Bewußtseins. Diese Empfindung ist oft auch begleitet von einem Gefühl der Freude, das bis zum Zustand der Glückseligkeit ansteigen kann. Ein weiteres Merkmal, das damit verbunden sein kann oder auch unabhängig davon auftritt, ist das Gefühl der Erneuerung, der Regenerierung, der Geburt eines neuen Seins in uns. Dann gibt es noch das Gefühl der Wiedererstehung, des Wiederemporsteigens zu einem verlorenen oder vergessenen Zustand." (Ebd 29)

Die Erleuchtung bezieht sich nicht nur auf eine Lichterfahrung, sondern meint „die oft unvermittelte Wahrnehmung dessen, was es heißt, Mensch zu sein, die Enthüllung der vollständigen Bedeutung der eigenen Existenz." (Ebd 79) Wir erkennen das Geheimnis unserer Existenz durch die Kehre nach Innen. „Wenn wir in uns gehen, entdecken wir unser Zentrum, unser wahres Wesen, den intimsten Teil von uns; dies ist eine Offenbarung und gleichzeitig eine Bereicherung.

Es ist das, was Christus als die ,wertvolle Perle‘ bezeichnet hat; wer sie findet und ihren Wert erkennt, will sie um jeden Preis erwerben." (98f) Assagioli kennt verschiedene Symbole für transpersonale Erfahrungen. Ein wichtiges Symbol ist das der Bewußtseinserweiterung, ein anderes das des Erwachens. Der Bewußtseinszustand des normalen Menschen ist oft ein Schlafzustand. Wir werden geprägt durch Illusionen, die wir uns über die Welt und über uns selbst gemacht haben. Wir sind oft genug „die Beute innerer Gespenster, von Abhängigkeiten und Komplexen" (103). „Um erwachen zu können, muß man vor allem den Mut aufbringen, der Realität ins Auge zu sehen... Der erste Schritt besteht deshalb darin, daß wir uns all dessen bewußt werden, was in uns existiert und wirkt. Der zweite Schritt ist dann, zu entdekken, was wir in Wirklichkeit sind: das Selbst, das spirituelle Ich, der Beobachter der menschlichen Tragikomödie." (104) Assagioli meint, viele Menschen würden aus jeder Situation eine Tragödie machen, weil sie zu sehr an ihr Leben gebunden seien. Befreiung wird möglich, wenn man lernt, „die menschliche Komödie aus einer gewissen Distanz von oben her zu beobachten, indem man vermeidet, sich zu sehr emotional darin zu verstricken. Man kann das Leben als ein Schauspiel verstehen, in dem jeder Mensch seine Rolle spielt. Diese sollte man auf bestmögliche Weise spielen, jedoch ohne sich allzusehr mit der dargestellten Persönlichkeit zu identifizieren." (211) Das Erwachen kann auch als Erleuchtung erlebt werden. Wir sehen in uns selber klar, wir sehen den Dingen auf den Grund und wir nehmen das Licht wahr, „das der menschlichen Seele und der ganzen Schöpfung innewohnt" (105). Erleuchtung „ist eine Vision, die die ganze Realität oder große Bereiche von ihr in ihrem Wesen und in ihrer

Ganzheit zeigt. Sie ist die Wahrnehmung eines Lichts, das sich von dem Licht, das wir gewöhnlich sehen, unterscheidet und das von der Wirklichkeit selbst ausgestrahlt wird. Diese Art der Erleuchtung kann man als die Enthüllung der immanenten Göttlichkeit verstehen, der Einheit des universellen Lebens." (78) Ein anderes Symbol ist das der Wandlung. Der ganze Mensch wird durch die transpersonale Erfahrung verwandelt. „Der Körper kann eine Wandlung erfahren durch den Prozeß einer regenerativen psycho-spirituellen Transformation... Die Psyche tritt in einen Zustand der Harmonie mit dem Geist ein, der auch den Körper umfaßt, wodurch sie eine organische und harmonische Einheit aller Aspekte des Menschen erreicht, eine ‚Bio-Psychosynthese‘." (110) Der Mystiker erfährt in sich eine Neugeburt, die Geburt Christi in seinem Herzen. Die Geburt Gottes in unserem Herzen ist zugleich die Erfahrung „der Befreiung von unseren Komplexen und Illusionen, von unserer Identifikation mit den verschiedenen Rollen, die wir im Leben spielen, mit den verschiedenen Masken, die wir tragen, mit unseren Idolen usw." (111) Wir geben die Identifizierung mit unseren Gedanken und Gefühlen auf und entdecken in uns das wahre Selbst, das frei ist von der Macht unserer Gedanken und Gefühle, frei auch von den Erwartungen und Ansprüchen anderer an uns.

Assagioli glaubt als Psychologe an die Möglichkeit, daß die sexuelle Energie in eine spirituelle umgewandelt wird. Und er meint, bei den Mystikern sei diese Umwandlung gelungen. Zuerst muß die sexuelle Energie in emotionale Energie umgewandelt werden. „Auf einer höheren Stufe kommt es zur Sublimierung der personalen Emotionen in spirituelle Liebe zu anderen Wesen und zu Gott. Zu einer solchen Sublimierung der menschlichen in religiöse Liebe ist es offenbar bei vielen Mystikern und Heiligen gekommen." (243) Die Sublimierung gelingt aber nur, wenn „man nicht versucht, die niederen Energien zu verdrängen oder mit feindseliger Haltung zu unterdrükken", sondern indem man „den höheren Energien jede erdenkliche Gelegenheit gibt, sich auszudrücken. Es geht nicht darum, weniger zu lieben, sondern besser zu lieben." (244) Assagioli zitiert hier zustimmend Johannes vom Kreuz, der sagt: „Nur die höhere Liebe kann die niedere besiegen." (242) Und er zitiert Schopenhauer, für den das Erwachen der Sexualität offensichtlich immer auch eine spirituelle Energie mit sich bringt: „In den Tagen und Nächten, in denen die Tendenz zur Wollust am stärksten ist,...eben dann sind auch die höchsten spirituellen Energien ... bereit zur höchsten Aktivität" (243) Daher ist es für Assagioli ganz natürlich, daß Mystiker, die Gott leidenschaftlich lieben wollen, zugleich auch ihre sexuellen Kräfte spüren. Und es ist für ihn verständlich, daß die mystische Liebe „ähnliche Reflexe wie in der menschlichen Liebe" (306) kennt. „Die Mystiker sprechen deshalb von der mystischen Hochzeit, der unio mystica. Auch hier finden wir stets die gleichen Eigenschaften der Liebe: den Durst nach Vervollständigung, die Vereinigung und dann die Projektion, das Hinaustragen der Liebe" (306) im Dienst an den Menschen.

Was Assagioli begonnen hat, das haben in den USA viele transpersonale Psychologen weiter entfaltet. Sie beobachten Erfahrungen bei der Meditation und Kontemplation, sie beschreiben die verschiedenen mystischen Schulen und nutzen sie für den therapeutischen Weg. Sie wollen den Menschen zu seinem wahren Selbst führen, zum spirituellen Selbst, das die Gedanken beobachtet, ohne von ihnen bestimmt zu werden. Die transpersonale Psychologie sieht in der mystischen Erfahrung einen wichtigen Weg menschlicher Selbstwerdung. Ken Wilber nennt diesen Weg zum wahren Selbst mit der buddhistischen Tradition den Weg der Dis-Identifizierung. „Jede Empfindung, jede Emotion, jeder Gedanke, jede Erinnerung und jedes Erlebnis, das Sie beunruhigt, ist einfach eine Erscheinung, mit der Sie sich ausschließlich identifiziert haben, und die Beseitigung der Störung erfolgt einfach, indem Sie Ihre Identifikation zurücknehmen. Sie lassen einfach alle Störungen ganz und gar von sich abfallen, indem Sie erkennen, daß sie nicht Sie sind - da Sie sie ja sehen können, können sie nicht der wahre Sehende und das Subjekt sein. Da sie nicht Ihr wahres Selbst sind, haben Sie keinen wie auch immer gearteten Grund, sich mit ihnen zu identifizieren, an ihnen festzuhalten oder Ihr Selbst von ihnen fesseln zu lassen." (Wilber 172) Die Mystik ist der therapeutische Weg der Dis-Identifikation. In ihr werden wir eins mit Gott und in Gott eins mit dem eigenen Seelengrund. Wir tauchen gleichsam von der stürmischen See der Gedanken und Gefühle in die Tiefe und erfahren dort eine unbewegte Ruhe und Stille. Wenn wir die Bindung an die Probleme aufgeben, dann werden wir auch frei von ihnen. „Wenn wir begreifen, daß sie (die Nöte und Probleme) nicht der Mittelpunkt oder das Selbst sind, beschimpfen wir unsere Nöte nicht, brüllen sie nicht an, lassen sie uns nicht mißfallen, versuchen nicht, sie abzulehnen und geben uns ihnen nicht hin. Jede Maßnahme, die wir ergreifen, um eine Plage zu beseitigen, verstärkt einfach die Illusion, wir seien die jeweilige Plage. So verschafft letzten Endes der Versuch, einer Not zu entgehen, ihr lediglich Dauer. Was so beunruhigend ist, ist nicht die Plage selbst, sondern unsre Bindung an sie. Wir identifizieren uns mit ihr, und das allein ist die wirkliche Schwierigkeit. Anstatt gegen eine Plage anzugehen, nehmen wir einfach die Arglosigkeit einer distanzierten Unparteiischkeit ihr gegenüber an. Die Mystiker und Weisen vergleichen diesen Zustand des Registrierens als Zeuge gern mit einem Spiegel. Wir spiegeln einfach alle Empfindungen oder Gedanken, die aufsteigen, ohne uns an sie zu klammern oder sie wegzuschieben, genauso wie ein Spiegel vollkommen und unparteiisch alles zurückwirft, was vor ihm geschieht." (Ebd 175) Während die Meditation in der Tradition der Mystik ein wichtiger Weg ist zur kontemplativen Erfahrung Gottes, ist sie für die transpersonale Psychologie ein Weg der Dis-Identifizierung von den Gedanken und Gefühlen, von den Nöten und Problemen. „Die Disidentifikation vom Ego, in der ein Mensch sein Wahres Wesen erkennt, ist in der transpersonalen Psychotherapie die wichtigste Voraussetzung für seine Befreiung." (Walsh 187) Doch man kann den Weg der Dis-Identifikation erst gehen, wenn wir uns zuvor mit unserer Wirklichkeit ausgesöhnt haben, wenn wir unsern Schatten angenommen und ein starkes Ich gefunden haben. Man kann das eigene Ich nur loslassen, wenn man es erworben hat. Daher ist die transpersonale Psychologie kein Ersatz für die herkömmliche Psychologie, sondern eine Fortführung. Ich muß erst meine Wirklichkeit ehrlich anschauen und annehmen, bevor ich sie loslassen und auf dem transpersonalen Weg mein wahres Selbst entdecken kann.

Walsh zitiert zustimmend C.G. Jung, für den der Zugang zum Numinosen das eigentliche Ziel seiner psychologischen Arbeit war: „Es ist...so, daß der Zugang zum Numinosen die eigentliche Therapie ist, und insoweit man zu den numinosen

Erfahrungen gelangt, wird man vom Fluch der Krankheit erlöst." (Walsh 188) Wer Gott im Tiefsten seiner Seele erfährt, für den verblassen allmählich „unzuträgliche Gewohnheiten und scheinbar unverzichtbare Bedürfnisse" (194) So ist es die wichtigste Aufgabe der transpersonalen Psychologie, dem Menschen zu zeigen, daß er „mehr ist als seine Persönlichkeit" (Fadiman 195). Fadiman meint, die Persönlichkeit sei nur eine Facette des Selbst, aber nicht das ganze Selbst. Er beschreibt die Persönlichkeit als „inneres Drama" und versteht die Therapie darin, den Patienten zu helfen, ihre „Dramen umzuarbeiten oder ganz vom Spielplan zu streichen" (197). „Solche Persönlichkeitsdramen sind stereotyp wiederholte und daher absehbare Verhaltensmuter, die mit oder ohne Publikum und Mitspieler aufgeführt werden. Wenn etwa in einer Theapiegruppe jemand ansetzt mit der Formel: ‚Also, ich empfinde jetzt im Moment..‘, dann wissen die anderen Teilnehmer schon, daß jetzt eines seiner persönlichen Dramen folgt: Ich spiele jetzt ‚Meine Mutter hat meine Schwester im Grunde viel mehr geliebt als mich‘, gefolgt von dem Refrain ‚Meine sexuellen Gefühle sind in mir wie eingefroren‘ und dem Schlußakkord ‚Manchmal wünschte ich, ich wäre lesbisch, aber wenn ich es wäre, würde ich mich umbringen.‘ Persönlichkeitsdramen sind ein überflüssiger Luxus und behindern nur die volle Entfaltung des Lebens. Sie gehören zu dem emotionalen Ballast, den wir mit uns herumschleppen. Abstand von den eigenen Dramen zu gewinnen, aber auch von den Dramen anderer bedeutet meist eine große Erleichterung. ... Konfrontiert man einen Erwachsenen mit der Möglichkeit, daß sein Verhalten nichts als ein Persönlichkeitsdrama ist, so kann es sein, daß er zunächst mit äußerster Empörung und Wut reagiert. Aber das läßt schnell

nach. Wenn man dieser Person mit echter Wertschätzung begegnet, endet das Drama häufig mit
Gelächter, in dem befreienden Gefühl, die Maske
verloren zu haben." (Fadiman 195f) Ein Thera-
peut darf diesen Weg aber erst gehen, wenn er
lange genug die Nöte und Dramen seines Patienten mitgegangen ist. Sonst würde er sie nicht ernst
nehmen. Bei ichschwachen Menschen wäre diese
Methode gefährlich. Aber bei Menschen, die in
vielen Therapiestunden immer wieder die gleichen Dramen aufführen, wäre dieser transpersonale und mystische Weg durchaus angebracht.
Die transpersonale Psychotherapie verweist solche Patienten auf ein anderes Ziel. Sie will sie zu
einem Zustand führen, „der in verschiedenen
Traditionen als Gewißheit, Befreiung, Erleuchtung oder Gnosis bekannt ist" (200). Dadurch
kann sie ihnen wahre Freiheit vermitteln, eine
Freiheit, in der sie sich an der Welt freuen, ohne
sich an sie zu klammern, in der sie bereit sind „zu
dienen, ohne sich dabei großartig aufzuspielen"
(200).
Der Weg zur transpersonalen Erfahrung ist wie
der mystische Weg ein Weg der Loslösung und
Befreiung von der Herrschaft dieser Welt. Aber
dieser Weg der Befreiung hat nicht den negativen
Beigeschmack einer Askese, die vor allem auf
Abtötung aus ist. Ihm geht es vielmehr darum,
frei zu werden von falschen Selbsteinschätzungen
und von der Identifizierung mit dem eigenen Ego.
Vaughan kann hier auch vom „Ich-Tod" sprechen, der den Übergang zur Transzendenz einlei-
tet und den Anfang der inneren Befreiung bedeutet. (Vgl. Vaughan 208) Die Selbsttranszendenz
ist jedoch nicht etwas rein Individualistisches, sie
schafft eine neue Beziehung zur Welt und zu allen
Menschen. „Hier erfährt man sich selbst nicht
mehr als isoliert, sondern als Teil eines größeren

Ganzen, als zutiefst mit allem verbunden und in Beziehung stehend." (208) „Der Identitätswandel geht häufig mit einer Verschiebung der Motivation einher: Das Verfolgen ichhafter Ziele tritt hinter die Motivation des Teilnehmens und Dienens zurück." (210)

James Bugental, ein anderer transpersonaler Psychologe, sieht das Ziel der Therapie darin, den Menschen zu seiner inneren Heimat zu führen. Das ist auch der Weg der Mystik, wie ihn die christliche Tradition verstanden hat. Bugental schreibt: „Meine eigene Erfahrung und die Erfahrung derer, die ich als Theapeut begleite, überzeugt mich davon, daß ein großer Teil unserer Sorgen und Nöte darauf zurückzuführen ist, daß wir als Verbannte leben, verbannt aus unserer Heimat, der inneren Welt unserer subjektiven Erfahrung." (Bugental 216) „Die wahre Heimat eines jeden von uns ist seine innere Erfahrung. Die eigentliche Mission der Psychotherapie besteht demnach darin, diesen Erfahrungsbereich freizulegen... Unsere Heimat liegt innen, und dort sind wir souverän. Solange wir diese uralte Wahrheit nicht neu entdecken, und zwar jeder für sich und auf seine Weise, sind wir dazu verdammt, umherzuirren und Trost dort zu suchen, wo es keinen gibt – in der Außenwelt." (217) Für Bugental ist der Weg zu dieser inneren Heimat die mystische Erfahrung Gottes: „Es gibt ein Wort, das, wie ich glaube, auf unsere unbeschreibbare Subjektivität hinweist - auf das unvorstellbare Potential, das in jedem von uns liegt, auf unsere Sehnsucht nach mehr Wahrheit und Lebendigkeit, auf unser tiefes Empfinden für die Tragödie des Menschseins, auf die endlos attackierte und doch unzerstörte Würde unseres Seins, auf das Gefühl des Wunderbaren, in dem wir ständig leben, wenn wir wahrhaft bewußt sind, und auf unseren Willen, dieses Wunderbare, das Wesen des Menschseins, zu erkunden, und dieses Wort ist: Gott. Unsere Gottesahnung entspringt unserer tiefsten Intuition dessen, was letztlich in unserer eigenen Tiefe ist. Diese Anschauung ist mir aus meiner eigenen Suche erwachsen, aber sie wird bestätigt von den Entdeckungen anderer, die sich zusammen mit mir auf die Suche nach Transzendenz gemacht haben." (218f)

Wenn wir von den Gedanken der transpersonalen Psychologie wieder zu den Darlegungen der Mystiker zurückkommen, so sehen wir, daß der Weg der Mystik den Menschen nicht nur zu Gott, sondern auch zur wahren Freiheit führen möchte. Wenn ich in mir den Raum der Stille entdecke, zu dem niemand Zutritt hat außer Gott, und wenn ich in diesem Raum meine Heimat finde, dann fühle ich mich frei von der Macht der Menschen, von der Macht ihrer Erwartungen und Ansprüche, von der Macht auch des eigenen Überichs, das mich sonst so oft verurteilt und knechtet, das mich abwertet und entwertet. In diesen Raum des reinen Schweigens können die eigenen und fremden Gedanken nicht eindringen, da erfahre ich Gott als den wahren Befreier. Gott schafft in mir ein Heiligtum, zu dem die Welt keinen Zutritt hat. Und in diesem Heiligtum darf ich mich daheim fühlen, da bin ich geliebt. Es ist ein Raum von Wärme und Zärtlichkeit, von Liebe und Barmherzigkeit. Oft spüren wir nichts von diesem inneren Heiligtum, von diesem Ort des reinen Schweigens. Doch wenn wir den Erfahrungen der Mystiker glauben, können wir in Gebet und Meditation immer wieder etwas von diesem Raum in uns erahnen. Und vielleicht spüren wir auch einen Augenblick lang dieses reine Schweigen als Raum Gottes in uns. In diesen Raum der Stille zu führen, ist das Ziel der transpersonalen Psychologie, die uns über uns hinausführen möchte in den Bereich der Transzendenz, in den Bereich Gottes. Die Disidentifizierung als Weg zu dem Ort des reinen Schweigens, in dem Gott in uns wohnt, ist der erste Schritt auf dem transpersonalen Weg. Das Ziel ist das „All-Einheitsbewußtsein" (Wilber 187). Es ist die Fähigkeit, ganz im Augenblick zu sein, nicht mehr über ihn zu reflektieren, sondern ganz in ihm aufzugehen, reines Bewußtsein zu sein. Es gibt keinen Weg zu diesem Bewußtsein, den wir gehen könnten. Es gibt nur „besondere Bedingungen", die „für die Aktualisierung des Bewußtseins der All-Einheit geeignet (aber nicht notwendig) sind." (190) Die spirituelle Übung ist nicht der Weg zu diesem Bewußtsein, sondern „ein angemessener Ausdruck des Bewußtseins der All-Einheit" (192). In der spirituellen Übung entdecken wir, daß wir gegen das Bewußtsein der All-Einheit Widerstand leisten. „Das Begreifen dieses geheimen Widerstands ist letztlich der Schlüssel zur Erleuchtung." (194) „Spirituelle Übung zwingt diesen grundlegenden Widerstand in unserem Bewußtsein an die Oberfläche." (198) Für Ken Wilber sind unsere Wünsche und Bedürfnisse letztlich nur Ersatzbefriedigungen für das Bewußtsein der All-Einheit. Das Paradox des mystischen Weges ist, daß wir uns im Grunde nach der All-Einheit sehnen und zugleich dagegen Widerstand leisten. „Wir suchen immer nach dem Bewußtsein der All-Einheit, aber auf eine Art und Weise, die die Entdeckung immer verhindert: Wir suchen nach ihm, indem wir uns von der Gegenwart entfernen." (203)

Dieses Paradox beschreibt Evagrius in ähnlichen Worten, wenn er beim Gebet auf die Widerstände aufmerksam macht, sich in Gott hineinfallen zu lassen. Wer einen spirituellen Weg geht, möchte Gott erreichen. Aber je mehr er ihn erreichen möchte, desto weiter entfernt er sich von ihm. Evagrius meint, alle Bilder und Vorstellungen, die wir uns von Gott machen, hindern uns daran, uns in Gott hinein zu ergeben und mit Gott wirklich eins zu werden. Mit Gott eins werden bedeutet aber, daß wir unser Ich und Selbst loslassen. Und dagegen leisten wir Widerstand. So führt die spirituelle Übung in die dunkle Nacht der Seele, in der sie trotz allen spirituellen Bemühens nur noch Dunkelheit und Leere verspürt.

Die Beschäftigung mit der transpersonalen Psychologie kann uns zeigen, daß mystische Erfahrungen auch heute gar nicht so selten sind. Viele Menschen erleben immer wieder einmal Augenblicke „reinen Bewußtseins". Sie erfahren, daß ihr Ich zurücktritt und sie einfach da sind, daß sie aufwachen aus ihrem Schlaf und auf einmal ganz bewußt sind, ganz eins mit sich selbst und eins mit der Welt. In diesem Einssein erahnen sie auch die Einheit mit Gott, dem Grund allen Seins. Es gibt heute mehr Mystiker als viele denken, Mystiker mitten in der Welt. Marsha Sinetar hat in ihrem Buch „Die Sehnsucht, ganz zu sein" solche Mystiker beschrieben, die mitten in der Welt leben und dort ihre Sehnsucht nach dem Unendlichen leben. Ein Schreiner beschreibt seine Sehnsucht so: „Es gibt eine Konstante in meinem Leben, nämlich diesen allumfassenden Wunsch, diese Sehnsucht danach, mit der Einheit des Universums in Verbindung zu bleiben. Wahrscheinlich würden Sie das Gott nennen. Das gibt meinem Leben Wert und Sinn und die Kraft zum Weiterleben." (Sinetar 125) Die Mystiker innerhalb der Welt streben „nach einer neuen Art des Sehens und Hörens" (133). Eine Frau beschreibt ihre Erfahrung so: „Manchmal fühle ich mich wie in Ekstase. Stellen Sie sich vor, Sie sind zum ersten Mal verliebt. Sie merken, daß da etwas Wunder-

volles passiert, etwas sehr Ungewöhnliches. Sie
können das spüren, dieses Gefühl von Liebe, das
Ihrem Inneren entspringt und sich ausbreitet und
nach innen und nach außen strahlt. Dann wieder
ist es ein unermeßliches Glücksgefühl, das mein
ganzes Sein erfaßt. Es ist so furchtbar schwierig,
das anderen zu erklären." (140)
Der indische Jesuit de Mello hat die Mystik des
Einswerdens als Erwachen oder als awareness
(Bewußtwerden) bezeichnet. Er meint, daß die
meisten Menschen schlafen. Wir halten an unseren Illusionen fest, an der Illusion von der Bestä-
tigung durch Menschen, die wir brauchen, und an
der Illusion des lieben Gottes, der unsere Bitten
erfüllt. Mystik heißt, daß wir erwachen und mit
der wahren Wirklichkeit in Berührung kommen.
Viele Menschen gehen zum Psychologen, um
Hilfe in ihren Beziehungsproblemen zu finden.
Das – so meint de Mello – schafft zwar Erleichterung, heilt aber nicht wirklich. Man muß die
Abhängigkeit von der Beziehung durchschauen,
um wirklich geheilt zu werden. Ich muß spüren,
daß das nur ein Aspekt der Wirklichkeit ist, daß
die wahre Wirklichkeit Gott ist, in den hinein ich
mich loslasse. Loslassen ist dabei nicht entsagen.
Wenn ich auf etwas verzichte und ein Opfer
bringe, hänge ich noch daran. „Entsagen Sie etwas
nicht, sondern durchschauen Sie es. Suchen Sie,
seinen wahren Stellenwert zu verstehen und Sie
werden ihm nicht mehr zu entsagen brauchen."
(Mello 18) Wenn wir wach werden, können wir
unsere Vergangenheit loslassen. Wir brauchen sie
nicht mehr zu bereuen oder zu betrauern. „Zu
bereuen bedeutet, wach zu werden, und nicht:
‚wegen seiner Sünden zu weinen'. Werden Sie
wach, und hören Sie mit dem Weinen auf. Wachen Sie auf!" (46) Loslassen und Aufwachen
bedeuten zunächst Schmerz. Denn es tut weh,

wenn unsere Illusionen zerplatzen. Und doch geht der Weg zu wahrem Glück nur über das Loslassen. „Man muß alles loslassen. Es ist wohlgemerkt kein physischer Verzicht, das wäre ja einfach. Wenn Ihre Illusionen schwinden, kommen Sie schließlich zur Wirklichkeit; und Sie können mir glauben: Sie werden nie mehr einsam sein, nie mehr. Einsamkeit läßt sich nicht durch menschliche Gesellschaft beseitigen. Einsamkeit wird durch Nähe zur Wirklichkeit aufgehoben." (59) De Mello formuliert als mystischen Weg, was die transpersonale Psychologie als die eigentliche Therapie für den Menschen erkannt hat: die Disidentifikation, das Erwachen und Loslassen, das Durchschauen und Aufgeben seiner persönlichen Dramen. Mystik ist hier der Weg zur eigentlichen Befreiung. Sie bringt uns in Berührung mit der Wahrheit. Leiden ist für de Mello immer ein Zeichen dafür, daß uns die Beziehung zur Wahrheit fehlt. „Leid entsteht, wenn Sie in Widerspruch mit der Wirklichkeit leben – wenn Ihre Illusionen sich an der Wirklichkeit, Ihre Lügen sich an der Wahrheit stoßen." (79) Der Weg zum wahren Leben führt über das Loslassen der Illusionen und über das Erwachen, das mich in Berührung bringt mit der wahren Wirklichkeit.

Auch die Mystik des Einswerdens, des reinen Bewußtseins, des Einsseins mit aller Wirklichkeit und darin mit Gott, ist von der Kraft des Eros getragen. Nur aus Liebe zur wahren Wirklichkeit heraus kann der Mystiker das Haften an seinem Besitz, an Beziehungen, an sich selbst, aufgeben, um mit Gott eins zu werden. Und zurecht beschreiben alle Mystiker ihre Erfahrung des Einswerdens mit Gott als reine Liebe. Bruder Lorenz spricht von „nicht auszudrückender Süße" (Sinetar 141) dieser Liebe. Johannes vom Kreuz spricht von der liebenden Aufmerksamkeit, die

die Seele Gott entgegenbringen soll, „dem entschlossenen schlichten Aufmerken der Liebe, so wie jemand in liebreicher Achtsamkeit die Augen öffnet" (Jäger 98). Und er dichtet wahre Liebesgedichte, um seine liebende Sehnsucht nach Gott auszudrücken, der schon in seiner Seele wohnt und für den er leerer werden will, um ganz und gar von ihm erfüllt zu werden. Die Mystik des Einswerdens ist weniger von einer konkreten Liebe zu einem bestimmten Menschen getragen als von dem Grundgefühl der Liebe. Alles im Menschen ist Liebe. Die Liebe durchströmt seinen Leib und seine Seele und verwandelt seine ganze Person. Liebe ist mehr als Gefühl, sie ist reines Sein.

3. Mystik und erotische Spur bei Peter Schellenbaum

Es geht uns nicht darum, die Psychologie Schellenbaums darzustellen und zu bewerten, wir möchten nur seinen Begriff der erotischen Spur herausgreifen, den er von C.G. Jung übernommen hat und der uns auf eine wichtige Seite der Mystik aufmerksam macht. In seinem Buch „Die Wunde der Ungeliebten" unterscheidet Schellenbaum die traumatische und die erotische Spur. Auf der traumatischen Spur wühlen wir in alten Erinnerungen und alten Wunden „und zeugen so neue Wunden, bis das ganze Dasein wund, und brennender Schmerz das einzige Gefühl ist... Grübeln in alten Erinnerungen ist Grübeln in der Wunde der Ungeliebten." (Schellenbaum 119) Die erotische Spur dagegen ist das Gespür für das Hier und Jetzt, die Fähigkeit, ganz im Augenblick zu sein, sich in seinem Leib zu spüren, in Beziehung zu sein zu sich, zu Menschen, zur Welt. Die erotische Spur ist „die Spur der stärksten Empfindung.

Diese Spur ist das eigene Gewahrsein in jedem Moment, der Fuß, der geht, weil er geht." (140) Die erotische Spur ist für Schellenbaum zugleich die mystische Spur. Eine Weise, der erotischen Spur zu folgen, ist die Meditation. „Sie bedeutet Geschehenlassen, Nichtwiderstehen, Nichtabtrennen, bewußte Entspannung" (172) und will zur Gelassenheit und zur Liebe zu allem Seienden führen. „Gelassenheit heißt loslassen, was mein isolierter Wille will, mich einlassen auf das, was jetzt geschehen will, verfügbar sein, sich vom Wirklichen anstecken lassen und ihm nachgehen. Meister Eckehart spricht in diesem Zusammenhang von Nicht-Wissen, Nicht-Haben, Nicht-Wollen. Psychologie, die dem menschlichen Subjekt in allem folgt und nicht die Grenze der eigenen Methode auf dieses überträgt, mündet schließlich in Mystik." (172) Auf der erotischen und mystischen Spur entdecken wir eine Liebe, die nicht mehr festhält, eine neue Liebe, die das Ganze liebt, mitsamt allen Widersprüchen. Schellenbaum beschreibt den Menschen dieser neuen Liebe so: „Die alte Liebe im Halten und Gehaltensein, im Haften und Verhaftetsein, die Liebe aus Schwäche und Verzweiflung hat er hinter sich gelassen. Er findet sich in einer Liebe vor, die Liebesferne und Ungeliebtsein umfaßt, eine Liebe, die Einsamkeit einbezieht, nüchtern und glühend zugleich, eine Liebe, die nichts Bestimmtes will und deshalb verfügbar und offen ist, eine Liebe, die Liebeswunden heilt, indem sie auch diese liebt." (174) Diese Liebe beruht nicht mehr auf Projektionen, Wunschphantasien und Verleugnungen. Sie befreit uns von der Identifizierung mit dem eigenen Ich. Schellenbaum spricht hier bewußt in der Sprache der Mystik. Er versteht die mystische Sprache als therapeutisch. Ziel der Mystik wie der Therapie ist, den Menschen den Zugang zu ihrem wahren Wesen zu ermöglichen.

Die Beziehung zwischen Eros und Mystik sieht Schellenbaum in der Fähigkeit, sich dem Strom und der Energetik des Lebens und der Liebe hinzugeben, die Verhaftung an das eigene Ich aufzugeben und sich dem Leben anzuvertrauen. Wer sich dem Leben und der Liebe hingibt, der erfährt den Gott, der die ganze Welt durchdringt, und wird eins mit ihm. Er kann seine Einsamkeit annehmen, weil er sich in ihr mit dem Einen, mit Gott, verbunden fühlt: „Es ist herrlich, einsam zu sein, wenn das Eine, in dem ich ein-sam bin, die Welt ist." (173) Mystik ist für Schellenbaum das Einswerden mit der Welt und in ihr mit ihrem Grund, mit Gott, der reine Liebe ist und dessen Liebe wir spüren dürfen, wenn wir uns ihr hingeben. Die Hingabe an die Liebe ist aber keine moralische Leistung, sie geschieht vielmehr, wenn wir der Energie der Liebe im eigenen Leib nachspüren. Nur wenn wir in uns Liebe spüren, können wir auch den Nächsten lieben, ohne uns zu verausgaben. „Liebe ist unteilbar. Wer sich selber von ihr ausschließt, verliert sie ganz und gar." (159) Wer sich in der Nächstenliebe selbst verliert und verrät, in dem „entstehen im Unbewußten ohnmächtige Gefühle der Wut und Zerstörung. Deshalb werden die Spezialisten der Nächstenliebe von Rivalität, Machtgier und Intoleranz zerfressen. Wer dagegen sein Gleichgewicht behält und in seiner Mitte ruht, kann heiter kämpfen und heiter lieben." (159) Die Mystik schützt uns vor der Überforderung durch eine Liebe, zu der uns die Moral antreibt, ohne sie uns selbst erleben zu lassen. Wenn wir auf der erotischen Spur in uns Liebe erfahren und unser Bewußtsein Beziehungsbewußtsein wird, dann ist Liebe immer auch lustvolle Erfahrung, dann erahnen wir in ihr Gott selbst. Die Frage ist natürlich, wie verwundete und gedemütigte Menschen der erotischen Spur folgen können. Es braucht oft einen mühsamen und schmerzlichen Weg, einen Weg, der immer wieder auch das Scheitern mit einschließt, um durch die „Wunde der Ungeliebten" zur erotischen Spur vorzustoßen.

Auf der erotischen Spur begegnen wir dem Gott, der uns unbedingt angeht, dem Wirkgott, der uns in Beziehung setzt zum großen Du. Es geht nicht darum, an diesen Gott zu glauben, sondern seiner innezuwerden. Im Innewerden wirkt Gott in uns selbst und bringt uns in Berührung mit dem eigentlichen Selbst. Die Gottesbegegnung führt immer auch zu einer neuen Selbstbegegnung. Das Bild Gottes verwandelt den ganzen Menschen, seinen Leib und seine Seele. „In Wirkworten, das heißt in wirklichen Worten, zittert das Körperliche. Worte haben Muskeln und Sehnen, ein Herz und einen Kreislauf. Worte sind Symbole. Das Symbol hat für den heutigen Menschen ... die Aufgabe zu erfüllen, das entfleischte Denken wieder mit dem Körperlichen zu verbinden." (Gottesbild 127) Im Innewerden Gottes durch die Symbole könnte der Zwiespalt zwischen Geist und Leib, zwischen Mystik und Eros, versöhnt werden. „Je intensiver die geistige Spannung eines Symbols ist, desto tiefer greifen seine Wurzeln in die Materie." (128) Schellenbaum erzählt von einem Schriftsteller, der sich von seinem Trieb leiten läßt und bei möglichst vielen Männern den Penis berühren muß. Das trennt ihn von der Energie, die im Symbol des männlichen Penis steckt. Weder das Ausagieren ist eine Lösung, noch das Unterdrücken. Vielmehr geht es darum, die Triebkraft in Kreativität umzuwandeln. Der Schriftsteller findet einen Weg, „in der geistigen Arbeit selber die Triebkraft zu erleben, im künstlerischen Schaffen das Körperliche wie auch ... im Körperlichen das Geistige und Seelische" (Gottesbild 124). Wenn er auf die Triebkraft verzichtet hätte, hätte er zwar ruhiger gelebt, aber ihm hätte die „bis in die Knochen gehende Leidenschaft" (125) gefehlt, die seine Kreativität neu befruchtet hat. So kann man sich vorstellen, daß die Kraft der sexuellen Leidenschaft bei den Mystikern die Liebe zu Gott beseelen und prägen kann, wenn sie ihre Sexualität weder ausagieren noch unterdrücken. Der Dialog mit der Psychologie Schellenbaums, der als Theologe über Teilhard de Chardin promoviert hat, läßt uns einen wichtigen Aspekt von Mystik aufleuchten. Mystik ist die Erfahrung der göttlichen Liebe, die sich in uns hinein inkarnieren will, die schon in uns ist, die in unserem Leib strömt und ihn belebt. Oft genug sind wir von dieser Liebe abgeschnitten. Auf der traumatischen Spur, die wir in unserer Askese häufig gehen, entfernen wir uns immer weiter weg von dieser Liebe. Die Mystik ist der Weg zu dieser Liebe. Diese Liebe ist unteilbar. Sie läßt uns das göttliche Leben nicht nur in uns selbst erfahren, sondern in jedem Menschen, ja in der ganzen Schöpfung. Mystik ist eine neue Beziehungsfähigkeit, die Fähigkeit, mit der Liebe im andern Menschen und in der Schöpfung in Beziehung zu treten und auf der erotischen Spur immer mehr die Lust an dieser Liebe und die Lust der Liebe zu erspüren. Und Mystik ist die Verwandlung der sexuellen Energie in die Liebe zu Gott.

Viele Dichter sind der erotischen Spur gefolgt und haben im Umgang mit der Welt mystische Erfahrungen gemacht. So schreibt Eugène Ionesco: „Ich war siebzehn Jahre alt. Eines Tages ging ich durch eine Provinzstadt spazieren, im Monat Juni, am Morgen. Plötzlich kam die Welt mir wie verherrlicht vor, so daß mich eine überwältigende

Freude ergriff und ich zu mir selbst sagte: Was auch noch geschehen mag, jetzt weiß ich. Und ich werde diesen Augenblick nie vergessen. Ich werde daher nie mehr ganz verzweifelt sein ... Der Himmel schien mir näher, fast greifbar. Das einzige, was ich sagen kann, ist: Intensität, Anwesenheit, Licht." (Waaijman 39f) Auf der erotischen Spur kann man wie Marcel Proust beim Essen eines Kuchens eine mystische Erfahrung machen: „In der Sekunde nun, als dieser mit dem Kuchengeschmack gemischte Schluck Tee meinen Gaumen berührte, zuckte ich zusammen und war wie gebannt durch etwas Ungewöhnliches, das sich in mir vollzog. Ein unerhörtes Glücksgefühl, das ganz für sich allein bestand und dessen Grund mir unbekannt blieb, hatte mich durchströmt. Mit einem Schlage waren mir die Wechselfälle des Lebens gleichgültig, seine Katastrophen zu harmlosen Mißgeschicken, seine Kürze zu einem bloßen Trug unsrer Sinne geworden; es vollzog sich damit in mir, was sonst die Liebe vermag, gleichzeitig aber fühlte ich mich von einer köstlichen Substanz erfüllt: oder diese Substanz war vielmehr nicht in mir, sondern ich war sie selbst. Ich hatte aufgehört, mich mittelmäßig, zufallsbedingt, sterblich zu fühlen." (Ebd 41) Wenn wir der erotischen Spur folgen, dann werden wir Gott als die absolute Liebe, Gott als den Angerufenen, in jeder intensiven Erfahrung erspüren können. Immer wenn die Liebe und die Lebensenergie in uns zu strömen beginnen, ahnen wir etwas von Gott als der Fülle des Lebens, von dem Gott, der auch unsern Leib erzittern läßt. Wenn wir diesen Gott lieben, dann durchströmt die Lebensenergie Verstand und Herz und unsern ganzen Leib. Mystik ist der Weg zu intensiverem Leben, weil sie uns in Berührung bringt mit der wahren Wirklichkeit. Mystik ist die erotische Spur, auf der wir

dem Geheimnis des Lebens und der Liebe, die
letztlich identisch sind, immer mehr auf die Spur
kommen.

4. Mystik und das göttliche Kind bei John Bradshaw

In seinem Buch „Das Kind in uns" geht der
amerikanische Theologe und Psychologe John
Bradshaw davon aus, daß jeder von uns ein verletztes Kind mit sich herumträgt. Irgendeinmal
sind wir als Kinder verletzt worden, indem unser
Vertrauen zerstört worden ist, indem man unsere
Einzigartigkeit und Würde nicht beachtet hat,
indem unsere Grundbedürfnisse nach Liebe und
Geborgenheit nicht befriedigt worden sind. Am
schlimmsten ist die spirituelle Verletzung. Sie
besteht darin, daß das Kind in seiner Einzigartigkeit nicht beachtet wird. „Kinder sind von
Natur aus spirituell. Meiner Meinung nach haben
die Begriffe Ganzheit und Spiritualität die gleiche
Bedeutung. Kinder sind naive Mystiker."
(Bradshaw 65) „Zur Spiritualität gehört etwas,
das ganz tief in uns verborgen liegt und unser
authentischster Teil ist - unser wahres Selbst.
Wenn wir spirituell sind, stehen wir im Kontakt
mit unserer Einzigartigkeit und Besonderheit.
Das ist unser elementares Sein, unsere Ichhaftigkeit. Zur Spiritualität gehört außerdem ein
Gefühl für die Verbindung mit etwas, was größer
ist als wir selbst, und auf das wir uns gründen.
Kinder sind von Natur aus gläubig - sie wissen,
daß es etwas gibt, was größer ist als sie selbst." (66)
„Die spirituelle Verletzung ist mehr als alles andere dafür verantwortlich zu machen, wenn aus
uns unselbständige, schamerfüllte erwachsene
Kinder werden. Die Geschichte des Niedergangs

eines jeden Mannes und einer jeden Frau handelt davon, daß ein wunderbares, wertvolles, besonderes und kostbares Kind sein Gefühl für das ‚Ich bin, wer ich bin‘ verloren hat." (66)

Die Heilung des verletzten Kindes besteht darin, daß wir die nicht befriedigten Grundbedürfnisse betrauern und daß wir selber in Beziehung treten zu dem verletzten Kind in uns, daß wir für es die Verantwortung übernehmen. Erst wenn wir mit dem verletzten Kind in uns in Berührung sind, können wir durch die Verwundungen hindurch auch das göttliche Kind in uns entdecken. Bradshaw schreibt: „Folgen Sie dem Gedanken Thomas von Aquins und der großen Sufi-Meister, daß Sie ein einzigartiger Ausdruck Gottes sind – des großen ICH BIN. Glauben Sie daran, daß das Universum arm wäre, wenn Sie nicht auf die Welt gekommen wären; daß es etwas Göttliches gibt, das nur durch Sie ausgedrückt werden kann, und das von anderen Menschen nur durch Sie erlebt werden kann." (345) Das göttliche Kind ist in uns die Kraft zur schöpferischen Erneuerung, es ist die Ahnung, daß Gott in uns alles neu machen kann, daß er uns in Berührung bringt mit unserem innersten Kern, mit der inneren Poesie, mit der Quelle der Kreativität. Wenn wir mit dem göttlichen Kind in uns in Berührung kommen, sprudelt es in uns auf einmal vor Fruchtbarkeit. Viele sind sich ihrer kreativen Kräfte „gar nicht bewußt, weil sie in dem erstarrten Kummer ihres verletzten Kindes gefangen sind." (354) Wir müssen über unsere Verletzungen hinaus schauen und dürfen nicht dabei stehen bleiben, sonst verlieren wir die Beziehung zu unserem göttlichen Kind, zur spirituellen Erneuerung. Das göttliche Kind führt uns auf eine Bewußtseinsebene, „die weit über der des konkreten Kindes liegt, das wir einmal waren. Letztlich handelt auch unser Leben von einem „göttlichen Kind, das ausgesetzt worden ist, und sich auf der Reise zu seinem wahren Selbst befindet." (358) Der Mythos von dem göttlichen Kind, das ausgesetzt worden ist, begegnet uns in seiner reinsten Gestalt in Jesus Christus. Auch wir sind letztlich solche ausgesetzten Kinder, die noch ein anderes Zuhause haben. „Ich glaube daran, daß wir alle aus der Tiefe des Seins kommen und daß dieses Sein uns wiederzurückruft. Ich glaube, daß wir von Gott kommen und daß wir Gottes Geschöpfe sind. Gleichgültig, wie gut es uns geht, wir sind nie wirklich zu Hause. Augustinus, auch ein verletztes Kind, hat das schön ausgedrückt: „Du hast uns für Dich selbst erschaffen, o Herr, und unsre unruhigen Herzen finden erst Frieden, wenn sie in Dir ruhen. Das wird dann endlich unsere wahre Heimat sein." (381)

Mystik ist in der Psychologie Bradshaws der Weg, mit unserem göttlichen Kind in Berührung zu kommen. Das göttliche Kind ist ein Bild für das wahre Selbst. Die plötzliche Erfahrung der eigenen Ichhaftigkeit ist letztlich eine mystische Erfahrung. Bradshaw berichtet von einem Erlebnis, als er zwölf Jahre alt war. Er war beim Einkaufen in einem Supermarkt, als er auf einmal „ein ungeheuer starkes Erlebnis meiner Ichhaftigkeit hatte. Irgendwie wurde mir in diesem Augenblick klar, daß ich war und daß es niemanden gab, der so war wie ich." (341) Gott ist der Ich-bin-da. Die Erfahrung des eigenen Seins, der eigenen Individualität, ist eine spirituelle Erfahrung. Wer mit seinem göttlichen Kind in Berührung ist, der hat ein Gespür für „die Heiligkeit des gegenwärtigen Augenblicks" (342). Bradshaw nennt das göttliche Kind die Imago Dei. In ihm spüren wir, daß wir Inkarnation des Geistes sind, daß wir ein fleischgewordenes Wort Gottes sind. Viele Menschen bleiben bei den Schmerzen und Verletzungen ihrer Kindheit stehen „und verlieren das Symbolische und damit gleichzeitig das Spirituelle aus den Augen" (358). Sie schauen nie über ihre Verletzungen hinaus und können daher ihre eigentliche Wirklichkeit nicht erkennen. Das nennt Bradshaw mit Marion Woodman die „Materialisation des Bewußtseins". Dagegen stellt er den Weg, das göttliche Kind in sich zu entdecken. „Der Archetyp des göttlichen Kindes fordert uns zur spirituellen Erneuerung auf. Er repräsentiert das Bedürfnis unserer Seele nach Transformation." (358) In ihm kommen wir in Berührung mit der Quelle des göttlichen Geistes in uns, mit der Quelle unerschöpflicher Kreativität. Und wir ahnen etwas vom Geheimnis des Seins, vom Geheimnis Gottes, der uns zu unserem wahren Selbst befreit. Spirituelle Erneuerung ist für Bradshaw nicht nur die Erkenntnis Gottes, sondern immer auch das Entdecken des göttlichen Kindes in uns, sie ist die Reise zu unserem wahren Selbst.

Von der Psychologie Bradshaws können wir lernen, daß Mystik etwas mit der Erfahrung des eigenen Geheimnisses zu tun hat. Mystik ist nicht nur Gotteserfahrung, sondern immer auch ein Gespür für das wahre Selbst. Das Symbol des göttlichen Kindes zeigt uns, daß Gott auch in uns geboren werden will, daß er die Quelle unseres Lebens und unserer Kreativität ist. Mystik ist die Ahnung vom Geheimnis meines Seins, das Staunen darüber, daß ich bin und wer ich bin. Seit jeher haben uns die Mystiker vor die Frage gestellt: Wer bist du? „Die großen Lehrmeister sagen uns, daß die wichtigste Frage der Welt sei: ‚Wer bin ich?' Oder vielleicht auch: ‚Was ist das Ich'? Was ist das überhaupt, was man das ‚Ich' oder das ‚Selbst' nennt?" (de Mello 47) Mystik ist die Suche nach dem wahren Selbst, nach dem innersten Kern, nach dem Geheimnis meines Ichs. Die jüdische Mystik hat das immer verstanden. Für sie war die intensivste Gottesoffenbarung das Wort, das Jahwe zu Mose am brennenden Dornbusch gesagt hat: „Ich bin der ‚Ich-bin-da‘.“ (Ex 3,14) Die Suche nach dem Punkt in mir, an dem ich wirklich „Ich“ sagen kann, ist auch die Suche nach Gott. Und wenn mir das Geheimnis des „Ich bin“ aufgeht, geht mir Gott auf. Mystik ist das Einswerden mit dem göttlichen Kind in uns, mit dem wahren Selbst, mit dem Geheimnis der eigenen Individualität, die teilhat an Gott.

Indem uns die Mystik zu unserem wahren Selbst führt, befreit sie uns von den Illusionen, die wir uns über uns selbst gemacht haben, aber auch von den vielen Bildern, die andere uns übergestülpt haben. Unser Ich ist mehr als das, was unsere Lebensgeschichte aus uns gemacht hat. Es gibt in uns etwas, das mehr ist als unsere Erfahrungen von Leid und Glück. Es gibt in uns das reine Selbst, das teilhat an Gott. Erst wenn ich zu diesem Selbst finde, werde ich wirklich frei von der Meinung der andern, da werde ich auch frei von den Maßstäben, mit denen die Gesellschaft und das eigene Überich mich messen. Da geht es nicht mehr um die Frage, wieviel Selbstvertrauen ich entwickelt habe, da geht es auch nicht mehr um meine Identität, ob ich zu meiner Meinung oder zu meinen Gefühlen stehen kann. Es geht vielmehr um mein innerstes Geheimnis, das teilhat an Gott. Mein wahrer Kern ist göttlich, mein Bild ist von Gottes Hand geformt, es ist unberührt von den Ereignissen meines Lebens. Wenn mich die mystische Erfahrung mit diesem ursprünglichen Bild in Berührung bringt, dann ist sie wahrhaft heilend und befreiend.

II. LIEBESMYSTIK UND EROS

1. Liebesmystik in der Tradition

Die Liebe spielt auch in der Einheitsmystik eine zentrale Rolle. Es ist die Liebe, die den Menschen dazu führt, mit Gott eins werden zu wollen. Doch in der Geschichte der christlichen Mystik empfing die Liebesmystik als Du-Mystik, als Brautmystik, eine eigene Färbung. Diese Form der Mystik finden wir vor allem im Mittelalter und dort besonders bei Frauen. Schon in der Mystik Bernhards von Clairvaux trat stärker das Individuelle und das Affektive hervor. Jesus in seiner historischen Einmaligkeit und menschlichen Liebenswürdigkeit wird wichtig. Im Mittelalter werden vor allem Visionen und besondere Gnadenerfahrungen beachtet. Die Frauenmystik beschreibt dabei ihre Erfahrung in einer erotischen Sprache. Nur zwei Frauen sollen kurz zur Sprache kommen: Mechthild von Magdeburg und Hadewijch.

Mechthild von Magdeburg (1208/10-1282/94) lebte zwanzig Jahre als Begine in Magdeburg und mußte sich dann wegen ihrer Kritik am Klerus in das Kloster von Helfta zurückziehen. Ihr Werk „Vom fließenden Licht der Gottheit" „gilt als wichtiges Dokument früher deutscher poetischer Literatur und als Zeugnis einer Frauenmystik, in dem sich erotische, vom Hohenlied Salomos beeinflußte Bildsprache und energische Zeitkritik in einer starken, lauteren Weise vereinen... Ihre erotische Sprache und der reiche Bilderschatz ihrer Phantasie bezeugen die Ganzheitlichkeit der Gotteserfassung dieser großen Frau." (Chr. Mystik 154) Die Echtheit der Mystik zeigt sich bei Mechthild gerade in der Einheit von intimer

Gotteserfahrung mit einem tiefen Gespür für die Nöte der Zeit. Als Frau, die im Gebet immer wieder die Einheit mit Gott erfahren darf, tritt sie zugleich politisch auf und erhebt ihre kritische Stimme. Mystik und Politik, Kampf und Kontemplation, sind in ihr offensichtlich schon eine innere Verbindung eingegangen.

Mechthild spricht immer wieder von der göttlichen Minne. Die Seele kann Gott nur deshalb minnen, weil Gott selbst die minnespendende Liebe ist. Gott ist als der dreifaltige ein fließender Brunnen der dreifaltig strömenden Liebe. So spricht Mechthild Gott an: „O Du fließender Gott in Deiner Minne." (Rotter 43) Gott sehnt sich danach, den Menschen zu lieben: „Daß Ich dich innig liebe, hab ich von meiner Sehnsucht" (Ebd 43) Mechthild erfährt Gottes Liebe als so stark, daß sie ausruft: „Herr, Du bist allzeit liebeskrank nach mir" (43), und ihn anspricht: „O Du brennender Gott in Deiner Sehnsucht". (44) Gott läßt seine Minne ohne Maß in die menschliche Seele fließen, seine Liebe wird zu einer „verschwenderischen Gabe" (45). Die Seele, die Gottes Minne erfahren hat, kann nun selbst Gott lieben. Sie erlebt ihre Liebe wie ein Erwachen: „Unsere Herrin (die Seele) hat geschlafen von Jugend auf, nun wachte sie im Lichte der offenen Liebe auf." (48) Durch die göttliche Liebe wird die Seele umgewandelt, so daß sie nun einen neuen Adel und neue Zartheit empfängt. Diese Zartheit ist für Mechthild „meines Herzens Lust" (49). Die minnende Seele ruht in dem geliebten Gott, aber zugleich verlangt sie stürmisch immer mehr nach ihm. Die Liebe zu Gott bewirkt eine tiefe Ruhe der Seele, ein „Minneruhen, süßes Freuen" (50f). In der süßen Ruhe der Minne spiegelt sich „das Licht der fließenden Gottheit" wider. Aber diese Minne brennt auch wie Feuer, sie will immer mehr lieben: „Ich will verharren und doch höher drängen." (52f) „Die Seele ist grundlos im Verlangen" (53). In der Ruhe der Minne wächst die Sehnsucht der Seele, Gott immer mehr und ohne Maß zu lieben. Ja, Mechthild möchte tödlich lieben, um in Gott begraben zu werden. (54)

Das Ziel der Minne ist, eins zu werden mit dem Geliebten, in Gott hinein zu sterben, um in ihm begraben zu werden. Mechthild beschreibt das Einswerden mit Gott in der Sprache des Hohenliedes, die seit Origines und Bernhard von Clairvaux die Sprache der Mystik geworden ist. „Da sprach der Heilige Geist zu der Seele: ... Edle Jungfrau, bereitet Euch, Euer Geliebter nahet heran!" (59) Die Reaktion der Seele ist wie die einer Braut, die sich auf den geliebten Bräutigam freut: „Sie erzittert und ward doch inniglich froh und sprach: ... Gescháh es so!" (59) Gott spricht als Bräutigam zu Mechthild: „Ich warte dein im Baumgarten der Minne und breche dir die Blumen der süßen Einung und bereite dir da ein Lager". (59f) Es ist die Sprache der Erotik, mit der Gott da zur menschlichen Seele spricht. Er bereitet ihr ein Lager, ein „Minnelager" (60), auf dem sie ihre gegenseitige Liebe genießen können. Die Seele selbst wird zum Lager, zur Herberge für Gott. Dort geschieht die Einigung, die Mechthild so beschreibt: „Da geschieht eine selige Stille ... es wird ihrer beider Wille. Er gibt sich ihr und sie gibt sich ihm" (60f), so daß „sie ganz versunken ist in der wunderbaren Dreifaltigkeit" (61). Mechthild nennt die Einigung mit Gott „Süße Umarmung" oder einen Kuß des Geistes. Gott spricht zur Seele: „Wenn Ich scheine, mußt du gluten, wenn Ich fließe, mußt du fluten, ... wenn du .. minnst, werden wir beide eins, und wenn wir zwei eins sind, vermag uns nichts mehr zu scheiden." (61f) Es ist eine ekstatische Einigung, die Mechthild in kühnen Bildern immer wieder beschreibt. Letztlich ist es ein Sterben aus Minne. „Dieser geistliche Minnetod ist hier höchste Entzückung der Liebe, welche schon im Verkosten der Schauung begonnen hat: ist die ekstatische Hochform aller Wonne, welche die Minne mit sich bringt, ist die schattenlose Lichtseite der tiefen Versenkung." (65)

Offensichtlich bleibt dem Menschen nur die Sprache des Eros, um das Geheimnis der Liebe zu Gott und der göttlichen Liebe zu beschreiben. Die Erfahrung des Einswerdens mit Gott ist ein ekstatisches Erleben, das Mechthild immer wieder in der Sprache der Erotik und der Sexualität auszudrücken versucht. Die Frage ist, ob Mechthild hier eine Sprache benutzt, die sie vorgefunden hat, oder ob sie nicht auch ihrer eigenen Erfahrung entspringt. Man kann offensichtlich nicht neue Wörter erfinden, wenn ihnen keine Erfahrung entspricht. Man kann sich kaum vorstellen, daß Mechthild nur ein Sprachmuster benutzt hat, ohne daß sie in ihrem Herzen gespürt hat, was Liebe zu einem Menschen ist. Das heißt nicht, daß sie eine erotische Beziehung zu einem Mann gehabt haben muß. Aber sie war offensichtlich in Berührung mit ihrer Sexualität und sie konnte sie in ihre Beziehung zu Gott und zu Jesus Christus integrieren. Ihr Eros hat ihre Christusliebe so glühend und leidenschaftlich gemacht. Bei ihr ist offensichtlich gelungen, was Assagioli die Umwandlung der sexuellen in die spirituelle Liebe nennt. (Assagioli 243 oder 208)

Auch die niederländische Mystikerin Hadewijch von Anvers (1230-1260) bedient sich der Sprache des Hohenliedes, um ihre Erfahrung Gottes zu beschreiben. Berühmt ist die siebte Vision, in der die Erotik ihrer Sprache am deutlichsten wird:

„An einem Pfingsttag wurde mir bei Sonnenaufgang eine Vision geschenkt; man sang in der Kirche die Metten, und ich war dort zugegen. Und mein Herz, meine Nerven und mein ganzer Leib zitterten und bebten vor ungestümem Verlangen. Ich erlebte, was ich oft erfahren habe: Ich wurde von einem so wahnsinnigen und angsterregenden Verlangen ergriffen, daß es mir schien, als ob ich vor Wahnsinn und vor Erschütterung sterben würde, wenn ich meinem Geliebten keine Genugtuung schenken könnte und er meine Sehnsucht nicht erfüllt. Diesmal tobte das Liebesverlangen so gewaltig und schmerzlich in mir, daß meine Glieder einzeln zu brechen schienen und daß alle meine Nerven außerordentlich gespannt waren.... Danach kam er selbst zu mir: Er nahm mich ganz in seine Arme und drückte mich an sich. Mit all meinen Gliedern verspürte ich die volle Seligkeit seines Leibes nach der menschlichen Begierde meines Herzens. Bei vollem Bewußtsein wurde ich da nach Herzenslust befriedigt. Auch hatte ich eine kurze Zeit lang die Kraft, diese Erfahrung zu durchstehen. Aber schon sehr bald verlor ich das Bild dieses herrlichen Mannes. Ich sah, wie er ganz verschwand und sich verflüchtigte und derart wegschmolz, daß ich ihn außer mir nicht mehr verspüren oder erwecken und ihn in mir nicht unterscheiden konnte. Es kam mir vor, als wären wir eins ohne Unterschied... Danach ging ich dermaßen in meinem Geliebten auf, daß ich ganz in ihn verschmolz und mir nichts von mir selbst übrigblieb. Und ich geriet in Verzückung und wurde in die Konzentration meines Geistes aufgenommen." (Vekeman 183-185)

Hadewijch spricht hier in der Sprache der Erotik, in einer Sprache, die vom leiblichen Erleben ausgeht. Die leibliche Umarmung ist für sie ein Symbol der geistigen Einheit. „Im symbolischen Sprachsystem der Hohelied-Tradition, hier von Hadewich stark, aber nicht übermäßig moduliert, zeigen die siebte und achte Vision die Gesetze der mystischen Liebe. Die Begierde ist der Motor der Einswerdung mit Gott nach dem Grundplan der christlichen Liebe. Analysierende Nachfolge und drängende Begierde gehören zusammen. Begierde und Weisheit wohnen zusammen. Die Begierde ist der Atem der Nachfolge." (186) Herman Vekeman sieht die Bedeutung Hadewijchs darin, daß sie in der Sprache des Leibes die Sprache der Liebe sieht: „In der Sprache des Leibes spricht die Sprache der Liebe... Was ist eine Liebe ohne Begierde? Es führt nur ein Weg an der Begrenztheit der Gottesbilder vorbei: der leidenschaftliche Weg der Bilder Gottes zum Gott aller Bilder." (188)

In einem Brief beschreibt Hadewijch das Einswerden mit Gott, das das Ziel aller mystischen Erfahrung ist, mit der gleichen erotischen Sprache: „Gott möge dich wissen lassen, liebes Kind, wer Er ist und wie Er mit seinen Dienern und besonders mit seinen Dienerinnen verfährt. Und Er verschlinge dich in Sich. Wo die Tiefe seiner Weisheit ist, dort wird Er dich lehren, was Er ist und wie wunderlich süß da der eine Geliebte im anderen wohnt und den anderen derart durchwohnt, daß keines von beiden sich noch richtig zu unterscheiden vermag. Aber sie besitzen einander gegenseitig in Genuß, Mund in Mund, und Herz in Herz, und Leib in Leib und Seele in Seele, während eine einzige süße göttliche Natur sie beide durchfließt, und sie sind beide durch einander eins, aber bleiben doch zugleich sie selbst, ja, bleiben es immer." (Mommaers 58f) Es ist eine affektvolle und leidenschaftliche Sprache, mit der Hadewijch ihre mystische Erfahrung ausdrückt.

Da ist die Rede von Umarmungen, Untertauchen in Liebe, von „Liebesglut, die Tag und Nacht verzehrt, Verzückungen, Trunkenheit und Liebeswunden" (Steggink 119). Diese Sprache zeigt, „wie die mystische Liebe eine sinnliche, sexuell getönte Empfindung mit sich bringt und wie in dem affektiven Erleben der Menschheit Gottes erotische Elemente mitspielen." (Steggink 126f) Die Frage ist, ob die erotische Sprache der Mystiker affektive Regression und narzistische Selbstliebe ist, wie Vergote meint (Vgl. Steggink 121), oder ob sie die Erfahrung menschlicher Liebe auf eine höhere Stufe hebt. Simone Weil verteidigt die erotische Sprache der Mystiker: „Sehr zu Unrecht macht man den Mystikern bisweilen einen Vorwurf daraus, daß sie sich der Sprache der Liebenden bedienen. Sie sind nämlich die ermächtigten Eigentümer dieser Sprache. Alle anderen sind nur berechtigt, sie von ihnen zu entlehnen." (124) Steggink meint, die Fragestellung, ob die menschliche Liebe nach Art der mystischen Liebe verstanden werden müsse oder umgekehrt, sei in sich schon falsch. Er schließt aus den Beschreibungen der Mystiker: „Aus obenstehenden mystischen Berichten und aus den Reflexionen der Mystiker selbst geht hervor, daß dort, wo die mystische Vereinigung in Liebes- oder ehelichen Begriffen ausgedrückt wird, die Sexualität an der Erfahrung teilhat. Das ist wesentlich etwas anderes, als die mystische Erfahrung auf eine Form sublimierter Erotik zurückzuführen. Es schließt zugleich ein, daß die erotische Symbolik, die von den Mystikern gebraucht wird, um etwas von ihrer Erfahrung wiederzugeben, nicht auf eine spezifisch sexuelle Bedeutung reduziert werden kann, sondern primär auf ein Transzendieren jeder sexuellen Spezifizierung hinweist. Sexualität und Mystik sind zweifellos zwei Größen, die nicht aufeinander reduziert werden können, aber im Menschen doch zu einer Einheit zu kommen vermögen." (131)

Die Liebesmystik findet sich auch bei vielen Männern, dort jedoch in einer anderen Sprache. Heinrich Seuse schreibt in einem liebeswürdigen Stil, der „von der Sprache der ritterlichen Minnesänger beeinflußt" (Chr.Mystik 214) ist. Seuse spricht von der Ewigen Weisheit, die sich „wie eine holdselige Minnerin" zeigt „und redet zärtlich im Bilde einer Jungfrau, auf daß sie alle Herzen zu sich neigen möge". (Ebd 215) Die Frau Weisheit zeigt sich ihm in ihrer Schönheit: „Ihr Gewand war Seligkeit, ihre Worte Süßigkeit, ihr Umfangen aller Lust Genüge. Sie war fern und nah, hoch und niedrig, sie war gegenwärtig und doch verborgen... Sie verbreitete sich von einem Ende zum andern gewaltiglich und richtete alle Dinge süßiglich aus. Wenn er jetzt wähnte eine schöne Jungfrau zu haben, fand er alsbald einen edlen Jüngling. Sie gebärdete sich zuweilen als eine weise Meisterin, zuweilen hielt sie sich wie eine gar stattliche Minnerin. Sie beugte sich minniglich zu ihm und grüßte ihn gar lächelnd und sprach gütig zu ihm: ‚Praebe, fili, cor tuum mihi! Gib mir dein Herz, mein Kind!'" (217) Seuse fragt sich, woher „alle Zartheit, Schönheit, Herzenslust und Lieblichkeit" komme: „Kommt es nicht alles von dem ausquellenden Ursprung der bloßen Gottheit? Wohlauf denn, Herz und Sinn und Gemüt, hinein in den grundlosen Abgrund aller lieblichen Dinge! Wer will mir nun wehren? Ach, ich umfange dich heute nach meines brennenden Herzens Begierde!" (217) Die erotische Liebe, die Seuse hier beschreibt, bezieht sich für den Mann einmal auf die Frau Weisheit, in der sich Gott ihm zeigt, zum andern auf den „grundlosen Abgrund aller lieblichen Dinge", auf den „Ursprung der bloßen

Gottheit". Gott zeigt sich dem Mystiker persönlich und überpersönlich. Sowohl zu Gott als Person als auch zum grundlosen Abgrund Gottes fließt eine Liebe, die von der Kraft des Eros gespeist ist, wie die zärtliche und erotische Sprache zeigt.

Ähnlich ist die Spannung zwischen erotischer Liebe zu Gott und Hinabsinken in den dunklen Grund Gottes auch bei Johannes vom Kreuz. Johannes schreibt flammende Liebesgedichte und kritisiert zugleich sehr scharf eine sentimentale Mystik, bei der der Mensch narzistisch um seine Gefühle kreist und sich durch Visionen interessant macht. Er schickt sein Liebesgedicht von der dunklen Nacht Teresa zu mit den Worten: „Diese nachfolgenden Strophen sind, wie ich glaube, unter dem Einfluß einer innigen Liebe zu Gott geschrieben, dessen Weisheit und Liebe ohne Grenzen ist... Wenn eine Seele von dieser Liebe durchdrungen ist und von ihr in etwa Anregung empfängt, um sich darüber aussprechen zu können, so nimmt sie ebenso teil an ihrer Fülle und an ihrem Ungestüm." (Ebd 308) Drei Strophen aus seinem Gedicht (in der Übersetzung von Kardinal Diepenbrock) sollen die Verbindung von Mystik und Eros bei Johannes vom Kreuz zeigen:
„In einer Nacht gar dunkel,
Da ganz mein liebend Herz vor Inbrunst glühte,
O hochbeglückte Stunde!
Entschlich mit leisem Tritte
Ich meiner tief in Ruh versunknen Hütte.

Und als Aurorens Atem
Sein lockig Haar begann umherzuspreiten,
Ließ sanft um meinen Nacken
Er seine Rechte gleiten,
Mir schwanden alle Sinn' in Seligkeiten.
Von heilger Wonne trunken,

Durft' ich mein Haupt auf den Geliebten lehnen;
Die Welt war mir entsunken,
Gefriedet all mein Sehnen,
Begraben unter Lilien Harm und Tränen." (309f)

Für viele Mystiker waren affektive Beziehungen zu einem Mann oder einer Frau von großer Bedeutung. Das zeigt etwa der Brief Heinrichs von Nördlingen an Margarete Ebner. Heinrich schreibt ganz offen von seiner Bewunderung für Margarete: „Du meine ganz Getreue und meiner Seele sichere Zuflucht, ich weiß nicht, was ich sagen soll; denn mein Herz ward gar wundersamer Sehnsucht voll, als ich Deinen Brief las, und ich verlor Wort und Weise infolge des heiligen Duftes und göttlichen Geschmackes, der aus Deinen feurigen Worten in mich drang, und es ward ein gütlicher Krieg in mir zwischen großer Furcht und großer Begierde. Die Furcht gebot mir zu schweigen, aber die Begierde, die gebot mir zu reden und hat auch also gesiegt, daß mein Herz und mein Mund offenstehen und weit geworden sind, mit Dir, meinem Lieb in Gott, zu plaudern." (Ebd 198) In der Deutschen Mystik befruchten Männer wie Meister Eckehart, Tauler und Seuse, die Frauen, die sie betreuen, und umgekehrt inspirieren die Frauen die Mystik der Männer. Die erotische Sprache der Mystiker ist offensichtlich nicht rein literarisch, sondern entspringt ihrer Erfahrung von menschlicher Freundschaft und vom Einswerden mit dem Gott der Liebe. Wenn wir die Briefe der Freundschaft etwa von Teresa und Gracian und anderer Paare lesen, so spüren wir, „daß die Sinnlichkeit daran teilhat und daß der Eros in Zärtlichkeit verwandelt wird; in cortesia, würde der Troubadour des Herrn, Franz von Assisi sagen. Dieser letzte Zug scheint mir wesentlich in der ‚mystischen Freundschaft‘:

die Erotik der Zärtlichkeit, der Intimität, wie sie durch van Ussel beschrieben wird als eng verbunden mit ‚einer Art religiösem Empfinden, mit etwas, was eins macht, was verbindet und die Grenzen von Zeit und Raum überschreiten läßt'". (Steggink 138) Eros und Mystik gehören von der Erfahrung her zusammen. Eros als die Leidenschaft nach Verschmelzung und Einswerden muß die Liebe zu Gott durchdringen, damit sich der Mensch ganz und gar in Gott hinein ergeben und so mit ihm eins werden kann. Ohne Eros hält der Mensch an sich selbst fest, ist er in Gefahr, Gott für sich zu benutzen. Der Eros treibt ihn immer wieder in die Arme des liebenden Gottes und läßt ihn in Gott die Erfüllung seiner Sehnsucht und eine Verwandlung seiner Gefühle erleben. Alle Gefühle, die in der erotischen Beziehung zwischen Mann und Frau das Herz durchdringen, sind auch in der mystischen Erfahrung vorhanden, aber sie sind zugleich verwandelt. Gott selbst drückt sich in ihnen aus als der nahe und liebende Gott, der selbst Sehnsucht hat nach dem Menschen.

Georges Bataille wehrt sich in seinem Buch „Der heilige Eros" gegen die sexuelle Interpretation des mystischen Lebens, wie sie bei manchen Psychologen zu finden ist. „Wenn das mystische Ausströmen auf irgendeine Weise mit den Erregungen der physischen Wollust vergleichbar ist, so ist es eine Vereinfachung zu behaupten, wie es Leuba macht, daß die Wonnen der Versenkung, von denen die Mystiker sprechen, immer in einem gewissen Grade die Aktivität der Sexualorgane einschließen." (Bataille 292f) Für Bataille geht es in den ekstatischen Erfahrungen der Mystiker darum, „sich der unmittelbaren Lebensmacht zu öffnen, die gewöhnlich komprimiert ist und sich plötzlich im Überströmen unendlicher Seins-

Freude befreit. Der Unterschied zu der Erfahrung der Sinnlichkeit liegt allein in der Konzentration all dieser Regungen auf den inneren Bereich des Bewußtseins." (322f) Und er schließt seinen Artikel über „Die Einheit der mystischen Erfahrung und der Erotik" mit den Worten: „Wir haben es schon erwähnt, es geschieht nicht selten, daß diejenigen, die den mystischen Weg beschreiten, nach den Worten des heiligen Bonaventura, ‚vom fleischlichen Ausfluß beschmutzt' werden. P. Louis Beirnaert, der den heiligen Bonaventura zitiert, sagt es uns: ‚Es handelt sich dabei um etwas, was (die Mystiker) als zu ihrer Erfahrung gehörend betrachten.' Ich glaube nicht, daß sie unrecht haben: doch zeigen diese Zwischenfälle, daß die Systeme der Sinnlichkeit und der Mystik in ihrer Grundlage nicht verschieden sind. Wenn man mir gefolgt ist, wird es deutlich, daß die Intentionen und die Schlüssel-Bilder in beiden Bereichen analog sind, daß eine mystische Erregung im Denken unwillkürlich stets denselben Reflex auslösen kann, den ein erotisches Bild auszulösen sucht. Wenn es so ist, muß auch das Umgekehrte wahr sein: in der Tat stützen die Hindus ihre tantrischen Übungen auf die Möglichkeit, eine mystische Krise mit Hilfe einer sexuellen Erregung hervorzurufen." (323f)
Wenn wir über die Verbindung von Mystik und Eros nachdenken, so stoßen wir auf die Einheit von Leib und Seele, die auch für unsere Spiritualität gilt. Wunibald Müller geht es um diese Einheit von Leib und Seele, von Sexualität und Spiritualität in seinem Buch „Ekstase. Sexualität und Spiritualität". Er möchte die Wahrheit des Psalmwortes „Es dürstet meine Seele nach dir; mein Fleisch verlangt nach dir" verdeutlichen, wenn er schreibt: „Was immer wir spirituell in uns empfinden, was immer an Spirituellem in uns vorgeht, hinterläßt

Spuren in unserem Körper, hat Auswirkungen auf unseren Körper." (Ekstase 106) Er zitiert zustimmend Donnelly: „Die Spiritualität muß sexuell sein, will sie menschliche Spiritualität sein. Wir lieben Gott entweder als mit Sexualität ausgestattete und leibhafte Wesen oder nicht... Die Mystiker erlebten auch ihre männliche und weibliche Sexualität, als sie Gott in kontemplativer Vereinigung begegneten.".. (Ebd. 109 und 120) Wenn wir Gott nur als Menschen lieben können, die immer schon sexuelle Wesen sind, dann muß in unsere Gottesliebe auch die Kraft und die Zärtlichkeit der Sexualität hineinfließen. In der Frauenmystik ist das geschehen. Bei uns wird die Einheit von Mystik und Eros vielleicht andere Formen annehmen. Bei Eheleuten kann die gelebte Sexualität zur spirituellen Erfahrung werden und die Sehnsucht nach Verschmelzung mit Gott immer wieder wachrufen und steigern. Und der ehelos Lebende kann gerade im Verzicht auf die genital gelebte Sexualität ihre spirituelle Dimension entdecken. Wenn er seine Sexualität spürt, mag sie „ihn mit etwas in Berührung bringen, das aus seinem Innersten kommt, ihn mit sich selbst noch mehr in Kontakt bringt, zugleich aber auch ihn näher an die Quelle führt, die dem Verlangen nach Gott und der Vereinigung mit ihm entspringt." (Ebd. 111f) Der Verzicht auf die sexuelle Vereinigung mit einem Partner kann die Sexualität verwandeln, so daß sie zum größten Ansporn wird, sich ganz und gar, mit Leib und Seele, Gott hinzugeben und sich in Gott hinein fallen zu lassen, um eins zu werden mit Gott, mit allen Menschen, ja mit der ganzen Schöpfung.

Die Frage ist, welchen konkreten Weg Eheleute und Ehelose gehen sollen, um ihre Sexualität für ihre Gottesbeziehung fruchtbar zu machen. Der erste Schritt ist sicher, die Sexualität anzunehmen und sich mit ihr auszusöhnen. Dabei ist der Unterschied zwischen Eheleuten und Ehelosen gar nicht so groß. Ob sie die Sexualität nun genital leben oder nicht, es braucht für beide eine Kultur der Sexualität, die sich in der Erotik ausdrückt. Anstatt Sexualität zu unterdrücken, müssen sie in ihr nach dem Transzendenzpotential (Jellouschek) suchen, das wesentlich in ihr steckt. Wenn ich der Bewegung meiner Sexualität nachspüre, dann kann sie mich über mich hinaus führen und mich erahnen lassen, daß das Einswerden, das sie verheißt, über das Einswerden mit einem Menschen verweist auf das letzte Einssein mit Gott. Es geht nicht darum, zuerst die Sexualität zu beherrschen und dann sich der mystischen Erfahrung zu öffnen. Offensichtlich fließen die sexuellen und die spirituellen Energien gleichzeitig im Menschen. Die Aufgabe bestünde darin, die sich regende Sexualität immer wieder als Ansporn zu nehmen, über sie hinaus zu gehen und sich nach dem Gott auszustrecken, der die Sehnsucht, die sich in der Sexualität ausdrückt, erst in ihrer ganzen Tiefe zu erfüllen vermag. Wenn jemand, dem seine Sexualität Schwierigkeiten macht, in der Mystik die Lösung seiner Probleme sieht, ist er in Gefahr, Sexualität und Eros zu überspringen. Er wird in einer Pseudo-Mystik landen, aber nicht wirklich mit Gott eins werden. Er wird Mystik als Flucht vor seiner Sexualität benützen, anstatt sich von seiner Sexualität und seinem Eros zur Mystik führen zu lassen. Wenn er sich mit seiner Sexualität ausgesöhnt und sie integriert hat, dann erst kann sie zu einer Quelle spiritueller Erfahrung werden und in einer echten Mystik ihre Erfüllung finden.

2. Mystik und Eros bei Walter Schubart

Walter Schubart will in seinem Buch „Religion und Eros" aufzeigen, wie sich Religion und Erotik zueinander verhalten. Das ist in der Geschichte der Menschheit verschieden gesehen worden. Da ist zunächst die Mutterreligion, die den Zeugungsakt verherrlicht. Schubart spricht hier von der Schöpfungswonne, von der Lust am Vorgang des Gebärens. Wenn Maria im ersten Jahrtausend als Gottesgebärerin verehrt wird, „dringt ein Abglanz der Schöpfungswonne in die christliche Glaubenswelt" (Schubart 43). „Vergottet wird in Maria der Vorgang der Gottesgeburt und damit das Prinzip des Gebärens und des weiblichen Wesens schlechthin." (43)

Eine negative Weise, Eros und Religion zu verknüpfen, sieht Schubart im männlichen Verschlingungstrieb, der sich im Religiösen als Magie zeigt. „Verschlingungstrieb oder Begierde nenne ich den Trieb, erotisch zu herrschen und zu besitzen. Der Verschlingungstrieb ist keine echte Geschlechterliebe, so wenig wie die Magie echte Religion. Beiden fehlt das Merkmal der Hingabe, ohne das sich wahre Erotik und Religion nicht denken lassen." (58) Der Verschlingungstrieb ist typisch männlich, wie auch die Magie eher vom Mann betrieben wird. Schubart sieht diese Haltung vor allem bei den Römern verkörpert. „Einheitlich gegen Weiber und Götter benahmen sich die Römer, nämlich herrisch. Im Geschlechtlichen pflegten sie den Verschlingungstrieb, im Religiösen die Magie." (73)

Die gelungenste Weise, Religion und Eros miteinander zu verbinden, sieht Schubart im Erlösungsmotiv, in der Sehnsucht nach der Überwindung der Vereinzelung und Vereinsamung, in der Suche nach der verlorenen göttlichen Heimat.

Die Trennung und Vereinzelung sind für die Erlösungsreligion die Urtragödie, die man durch den göttlichen Geist der Einheit zu überwinden hofft. Gottes Geist der Einheit „wählt den Eros zur Stelle seines Einbruchs in die Welt. Die göttliche Einheit bedient sich der menschlichen Zweiheit, um durch sie sichtbar zu werden." (83) „Jeder Liebesakt, den das Erlösungsmotiv beherrscht, ist ein Anlauf zur Vollkommenheit, ein Vorspiel der Wiederverschmelzung von Gott und Welt... Im Eros gab Gott den Menschen ein Mittel der Erlösung und sich selbst ein Mittel der Offenbarung an die Hand. Er ist in der Stunde der Umarmung zugegen ... als Geist der absoluten Einheit." (84) „Das Wesen der erlösenden Liebe ist Aufbruch aus der Einsamkeit, Heimkehr in die göttliche Ganzheit... Wenn sich zwei Liebende finden, so schließt sich an einer Stelle des Kosmos die Wunde der Vereinzelung." (84) Daher eignet sich die Sprache der Geschlechterliebe besonders gut, um religiöse Erlebnisse wiederzugeben. Schubart meint, „daß der Fromme, wenn er von Gott reden will, unwillkürlich in die Sprache der Erotik verfällt, daß ihm gerade während des Gebetes, während des Aufblicks zur Gottheit, Bilder der Liebeswelt vor das innere Auge treten." (88) Dabei ist die gott-menschliche Vereinigung vor dem Einswerden der Geschlechter. So hat es schon Plotin gesehen: „Diese Vereinigung ahmen hier auf Erden die Liebenden nach, die miteinander zu einem Wesen verschmelzen wollen." (89) Religion ist daher „nicht sublimierte Erotik, sondern der Eros ist ein auf die Geschlechterspannung zusammengezogenes religiöses Erlebnis." (89) Schubart unterscheidet nun innerhalb der Erlösungsliebe eine anbetende und eine umarmende Liebe. Die anbetende Liebe erhöht den Geliebten und wirft sich vor ihm nieder. Die anbetende

Liebe ist für Schubart vor allem ein Ausdruck der erotischen Religiosität beim Mann. Die Minne, die die ferne und hohe Dame besingt, wird zur Marienminne. Sie besingt nicht die Gottesmutter, sondern die schöne Frau, die als Sinnbild göttlicherlösender Fraulichkeit gesehen wird. (vgl. 124f) Maria ist nicht die Frau als gebärende Kraft, sondern Ziel der anbetenden Liebe. Schubart meint, in der Marienminne verbinden sich zwei Linien, die eine führt zur Vergöttlichung der Erotik, die andere zur Erotisierung der Religion. „Vor dem Auge des erotisch Liebenden verwandelt sich die geliebte Frau in eine Gottheit, vor dem Blick des Frommen verwandelt sich die Gottheit in eine liebenswerte Frau." (125) Der Madonnenkult ist der Sehnsucht des Mannes entwachsen. „Der erotische Anbetungsdrang des Mannes bedarf der weiblichen Erlösungsgöttin. Darin liegt der tiefe Unterschied zur Marienverehrung des 4. bis 12. Jahrhunderts, in der die Vergottung des Muttertums aus der Zeit der Naturreligionen weiterlebte. Zur Muttergöttin beten die Frauen als zu ihresgleichen, als zur Verkörperung des weiblich-schöpferischen Prinzips, zur Madonna hingegen beten die Männer als zu der Unberührbaren, Hochthronenden, als zur Verkörperung des weiblich-erlösenden Prinzips. Hat je eine Frau die Madonna gemalt? Bei Frauen ist die anbetende Liebe selten, vor allem in der Erotik. Das Weib drängt zur umarmenden Libe, auch in der Religion. Die mystische Jesusliebe mittelalterlicher Nonnen strebt immer nach Vereinigung, nie nach dem Kniefall vor dem unnahbaren Gotte." (125) Wahre Mystik, so meint Schubart, braucht die umarmende und verschmelzende Liebe, die Liebe, die mit dem Geliebten einswerden will. Die umarmende Liebe setzt die Polarität, den Gegensatz von Mann und Frau, von Gott und Mensch

voraus. Aus dieser Spannung formt sich das Vollkommene. Während die anbetende Liebe enthusiastisch ist, ist die umarmende ekstatisch. Plotin versteht unter Ekstasis „den Austritt aus der Individualität (Ekstasis als Entselbstungswonne)." (126) Und Ekstase ist zugleich Verschmelzungsrausch. Für die mystische Ekstase ist nicht die Schau Gottes das Ziel, sondern die völlige Verschmelzung, das Einswerden mit Gott. So hat es schon Albertus Magnus gesehen: „Die mystische Liebe will eins werden mit dem Geliebten, und, wenn es möglich ist, dasselbe werden, was das Geliebte ist. Darum duldet sie kein Mittel zwichen sich und dem geliebten Objekt, d.i. Gott, sondern trachtet nach ihm, ruht nimmermehr, bis sie alles überschreitet und zu ihm und in ihn selbst kommt." (127f) Auch in der Liebesmystik geht es daher letztlich um das Einswerden, um die henosis und haplosis, nach der sich Plotin sehnt. In der umarmenden Liebe sucht der Liebende nicht nur den Geliebten, sondern den „Geist des überschwebenden Ganzen, die sich aus dem Gegensatz vollendende Einheit". „Der Sinn und das Ziel der umarmenden Erotik ist die Geburt des göttlichen Kindes. Im erotischen Bunde der beiden Liebenden ist Gott zugegen als dritte und stärkste Potenz." (128)
Der religiöse Verschmelzungsdrang drückt sich nicht nur in der Vereinigung des Liebenden mit dem Geliebten aus, wie es vor allem für die Frauenmystik des Mittelalters charakteristisch ist. Es gibt auch die Verschmelzung im Essen und Trinken. „Wie zwischen dem Liebenden und der Geliebten gibt es eine natürliche Gemeinschaft zwischen dem Speisenden und der Speise." (134) Im christlichen Bereich entstand eine eucharistische Mystik, die das Einswerden mit Christus in der Eucharistie als höchstes Ziel der Liebe

erfuhr. „Die kultische Verspeisung des heiligen Fleisches ist Vermählung der menschlichen Seele mit der Gottheit; sie hat Gamos-Natur und wird folgerichtig wie jeder Verschmelzungsakt von Schauern der Verzückung begleitet. Es gibt eine Wollust des Schmeckens, genau wie des Geschlechtssinnes, eine Ekstase, die sich vom Gaumen aus über den Menschen ergießt. Christliche Mystiker wußten um dieses Geheimnis, wenn sie die Süßigkeit des geschmeckten Gottes rühmten... Mechthild von Magdeburg hatte beim Sakramentsempfang ekstatische Anwandlungen. Mechthild v. Hackeborn sah bei einer Kommunion ihres Konvents in einer Vision, wie Jesus die Kommunikantinnen küßte." (135)

Als dritte Möglichkeit, wie sich der religiöse Verschmelzungsdrang ausdrücken kann, sieht Schubart die Nachahmung. „Der Myste ahmt dann die Bewegung des Gottes ... nach, er legt sich die Maske des Gottes an - beides, um aus sich herauszutreten und um sich in die göttliche Wesenheit einzuleben. Hier stoßen wir auf die mystische Natur der Mimik und der Maske. Das Seelenerlebnis des Mimen ist nur ein Unterfall der mystischen Ekstasis, ein Vorgang seelischer Verwandlung und Verzauberung durch Einkehr in eine fremde Natur." (138) Daher ist es verständlich, daß Mystik in der frühen Kirche immer Kultmystik war. Im Feiern, im heiligen Spiel spielten sich die Gläubigen in Jesus Christus hinein, dessen Mysterien sie darstellten. Im Spiel der Liturgie kann ich mich ganz und gar vergessen und so eins werden mit Christus und durch ihn mit Gott selbst.

Die Ekstase als Verschmelzungsrausch braucht Hilfen. Da ist einmal der Wein als Mittel der Berauschung. Der Rausch „hat eine das Ich zersprengende Kraft. Er vereinigt und weitet, während die Nüchternheit trennt und verengt. Das Merkmal des mystischen Zustandes – in Religion und Erotik – ist immer eine Art Trunkenheit, ein Vergehen der Sinne, eine Auflösung des Bewußtseins ins Unwißbare. Weil der Wein in diese Zustände zu treiben vermag, lieben ihn die Liebenden und die Frommen als echtes Gottesgeschenk." Durch den Wein wird der religiöse Sinn angefacht, „besonders der Drang nach mystischer Verschmelzung. Der Wein räumt die Hindernisse hinweg, die das individuelle Bewußtsein der Entselbstung entgegensetzt." (138f) Dazu kommen Gesang und Tanz. Schubart spricht von der mystischen Natur und den mystischen Möglichkeiten des Tanzes und der Musik. Sie drücken die Ekstase aus und führen sie zugleich herbei. Sowohl im Tanz wie in der Musik geht es um die gottmenschliche Verschmelzung. Ein islamischer Mystiker sagt: „Wer die Kraft des Reigens kennt, wohnt in Gott, denn er weiß, wie Liebe tötet." (139f) Erotische Menschen neigen immer zur Musik. „Nichts macht uns für die Liebe empfänglicher als Musik", meint Stendhal (141) „Mystiker und Liebende haben die Musik immer hochgeschätzt, weil sie den Seelengrund weich und locker macht und willig zur Entselbstung… In der Musik hält das Ewige in uns mit dem Ewigen um uns und über uns unmittelbare und vertrauliche Zwiesprache… Die Musik gewährt die Möglichkeit, in das Innere der Geliebten und in das Entrückte der Überwelt hinüberzulauschen." (141f) Die musikalische Ergriffenheit, so meint Schubart, „fördert die mystische Verschmelzung" (142). Daher hat der Kultgesang seit jeher die Bedeutung, zur Ekstase und Verschmelzung zu Gott zu führen.

Schubart schließt die Beziehung von Eros und Mystik mit den Worten: „Die umarmende Geschlechterliebe ist die innigste und reifste erotische Liebesart, die mystische Frömmigkeit ist die innigste und reifste Religiosität. Die mystische Verschmelzung von Mann und Weib ist ein Gleichnis dafür, daß wir fähig sind, den Austritt aus der Individualität und den Aufstieg in die Fülle der Ganzheit anschaulich zu erleben. Die mystische Verschmelzung von Mensch und Gott ist die vollendetste Ausprägung der Liebesreligion." (143) „In den mystischen Verschmelzungen, den erotischen und den religiösen, nimmt das Erlösungsmotiv das Weltziel vorweg: die Wiederverschmelzung von Gott und Welt. Darin liegt die metaphysische Bedeutung der unio mystica. ...Vom Erlösungsmotiv ergriffen vermag der Sterbliche in der Verschmelzungswonne entselbstet zu sein, Gott zu sein, nicht nur Gott zu schauen, wie im Enthusiasmus der anbetenden Liebe. Für die mystische Metaphysik ist die Gottesgeburt im Menschen das Höchste, was der Mensch erlangen kann, und erlangt er es, so erfüllt sich in dieser seligen Minute der Sinn des Alls. Das Gipfelerlebnis des persönlichen Lebens und der Weltzweck berühren sich, das Gewölk zerreißt und wir werfen einen trunkenen Blick tiefsten Verstehens in den göttlichen Urgrund der Dinge." (143f)

Drei Bedingungen verlangt die erotische Mystik, einmal ein neues Gespür für den menschlichen Leib. „Man kann die Erotik nicht heiligen, ohne dem Leib eine neue Würde zu verleihen." (226) Zum andern ist eine positivere Sicht der zwischenmenschlichen Liebe wichtig, die der Gottesliebe nicht im Weg steht, sondern sie vielmehr fördert. „An der echten Geschlechterliebe stirbt die Gottesliebe nicht, sondern sie rankt sich daran empor. Der Eros endet in Gott, wenn er den Kreis seiner Bewegung nicht vorzeitig abbricht. Erst vor dieser Erkenntnis erweist sich die ganze Schwere des unter religiösen Menschen viel verbreiteten Irrtums, die Liebe zu einem sterblichen Geschöpf schmälere die Liebe zur Gottheit." (232) Und als dritte Bedingung für echte Mystik ist die Offenheit für die Welt zu nennen. „Mystik schließt die kraftvolle Mitarbeit an der Welt ebensowenig aus wie die Geschlechterliebe die Anbetung Gottes. Auch Jeanne d'Arc, die nationale Kämpferin, und Ignaz von Loyola, eine der tätigsten Naturen der Geschichte, sind Mystiker gewesen. Die sich vollendende mystische Gottesliebe ist weltoffen, wie es schon Clemens von Alexandrien gefordert hatte." (234) Der erotische Mensch geht aus sich heraus, er geht auf Menschen zu und läßt sich auf die Welt ein. Der asketische Mensch zieht sich zurück. Der erotische Mensch erfährt die Freiheit der Liebe. Der Eros ist für ihn „der große Befreier des Menschen, und nur weil er befreit, kann er so tief beglücken." (236)

Einige, denen wir die Gedanken von Walter Schubart vorgetragen haben, meinten, das sei zwar auch ihre Sehnsucht, daß Religion und Eros miteinander eins sein könnten, aber die Erfahrung sei anders. Sie würden Sexualität doch als Gegner der Spiritualität erleben. Das könne zwar von ihrer Erziehung her beeinflußt sein, die in der Sexualität etwas Unsauberes und Schlechtes gesehen hat. Aber ein Stück weit sei doch bei den meisten Menschen dieser Widerspruch von Sexualität und Spiritualität erfahrbar. Sicher gibt es diese Erfahrung, daß uns die sexuellen Impulse von Gott abhalten. Aber es gibt eben auch die andere Erfahrung. Oft ist es nur eine Ahnung. Aber wenn ich meine Sexualität als Geschenk von Gott erlebe, mich in sie hineinfühle und mich von ihr über mich hinausführen lasse, dann ist sie nicht mehr der zu überwindende Trieb, sondern der Trieb, der mich auf Gott hin treibt, der mich zum Leben antreibt, der mich in Gott hinein fallen läßt. Damit das geschehen kann, muß ich das tief in mir sitzende Mißtrauen gegenüber meiner Sexualität aufgeben und mich mit ihr anfreunden als einem Gottesfreund. Dann ist sie keine lauernde Begierde mehr, sondern ein Drang nach Leben, nach Liebe, nach Gott. Aber die Einheit von Sexualität und Spiritualität kann ich immer nur über die Spannung zwischen diesen beiden Polen erleben. Es ist keine bleibende, sondern eine immer wieder neu aufbrechende Erfahrung, ein Gottesgeschenk, das ich nicht festhalten kann.

Daß Sexualität und Spiritualität, daß Eros und Mystik eine Einheit bilden, zeigen uns unsere Träume. Wenn wir von der sexuellen Vereinigung mit einem Mann oder einer Frau träumen, so steht das oft für eine spirituelle Erfahrung, für das Einswerden mit dem Animus oder der Anima, oder auch für das Einswerden mit Gott. Die spirituelle Dimension stellt sich im Traum oft unter sexuellen Bildern dar. Das entspricht der Mystik, die die Vereinigung mit Gott in einer erotischen Sprache ausdrückt. Die Sprache des Traumes und die Sprache der Mystik ähneln einander. Der Träumer wie der Mystiker weiß um die tiefe Verbindung von Eros und Mystik, von Sexualität und Spiritualität. Die mystische Hochzeit, das Einswerden von Braut und Bräutigam, ist das intensivste Bild für unser Verschmelzen mit Gott im Gebet und in der Meditation. Wenn Gott in uns wohnt, dann fallen in uns die Gegensätze zusammen, dann gibt es die coincidentia oppositorum, von der Nikolaus Cusanus spricht, dann wird Wirklichkeit, was uns Jesaja verheißt: „Der Säugling spielt vor dem Schlupfloch der Natter, das Kind streckt seine Hand in die Höhle der Schlange." (Jes 11,8) Die Schlange als Bild für die Sexualität hört auf, gegen uns zu kämpfen. Wir können in Gott mit ihr spielen, ja sie verweist uns auf Gott, den Quell aller Liebe und allen Friedens.

3. Mystik und Eros bei Teilhard de Chardin

Einer, der in seiner leidenschaftlichen Liebe zur Welt Mystik und Eros miteinander verbunden hat, war Teilhard de Chardin. Der französische Jesuit und Naturforscher sagt von sich: „Meine Stärke, meine einzige Stärke liegt darin, ,Mystiker' zu sein, das heißt, nur aus einer einzigen Idee zu leben... Mein ganzes inneres Leben nährt die Lust am Sein, die in Gott unserem Herrn befriedigt ist. – Die entscheidende innere Sache ist, daß es gelingt, die kostbare Einheit ex omnibus (aus allem) herauszuarbeiten, sie in Vielem zu ergreifen. Doch dieses Begreifen setzt die leidenschaftliche Lust an dieser göttlichen Einheit voraus." (Chr. Mystik 471) Teilhards Mystik geht durch die Materie, durch den Kosmos hindurch zu Christus, der den Kosmos durchdringt und zusammenfaßt. Die Jakobsleiter, die uns zu Gott führt, ist auch bei diesem modernen Mystiker ähnlich wie bei Benedikt fest in die Erde hineingerammt. Bei ihm sieht der Aufstieg zu Gott durch den Hinabstieg zur Erde so aus: „Wir müssen mit unserem ganzen Herzen auf Gott zugehen, nicht nur mit unserem Herzen = der Kraft zu lieben, sondern mit unserem Herzen, das mit konkreten Lieben gefüllt ist. Wir müssen unsere Leidenschaft für bestimmte Gegenstände bewahren (jene, die die Kräfte jedes Menschen nach oben hin fordern), freilich indem wir sie dem Gang des Reiches Gottes in uns und in der Welt unterordnen. Unsere Bekehrung zu

Gott besteht nicht darin, unser Herz zu leeren und Gott an die Stelle aller geliebten Gegenstände zu setzen (ist die Liebe wirklich von ihren Gegenständen trennbar!?), sondern darin, daß wir von der höchsten Herrschaft des Schöpfers all unseren Elan und all unser Feuer in ihrer konkreten Fülle assimilieren lassen." (Ebd 472)

In seinen autobiographischen Notizen „Das Herz der Materie" beschreibt Teilhard, wie seine Mystik von vornherein Materie und Geist, Kosmos und Christus, zusammen gesehen hat. Teilhard liebt Christus in der Materie, in der Evolution des Kosmos. So kommt es, daß sich für ihn „die Welt allmählich entzündete, entflammte, bis sie schließlich um mich herum gänzlich von innen her leuchtend wurde". (Herz 27) Seine Mystik beginnt beim purpurnen „Leuchten der Materie, unmerklich übergehend in das Gold des Geistes, um sich schließlich in die Glut eines Universal-Personalen zu verwandeln; – all dies durchwirkt, beseelt, erfüllt von einem Atem der Einigung , – und des Weiblichen. Das habe ich im Kontakt mit der Erde erfahren: das Durchscheinen des Göttlichen im Herzen eines brennenden Universums." (28) Seit seiner Kindheit war Teilhard von der Sehnsucht nach der Fülle des Lebens erfüllt. Aus dieser Sehnsucht heraus sammelte er Eisenstücke und bewunderte in ihnen die Konsistenz der Materie. Seine leidenschaftliche Liebe zum Universum trägt ihn durch alle Stationen und Entwicklungen seines Lebens hindurch. Zum andern prägt ihn die Herz-Jesu-Frömmigkeit, die ihm von seiner frommen Mutter vermittelt wurde. Teilhard meint, auf seine leidenschaftliche Sehnsucht nach Fülle, nach der vergeistigten Materie, mußte ein Funke fallen, „um das Feuer zum Brennen zu bringen. Dieser Funke nun, durch den ‚mein Universum‘, nur erst zur Hälfte personalisiert, sich vollends zentrieren sollte durch Amorisation, kam zweifellos von meiner Mutter, ausgehend von dem christlichen mystischen Strom, mit dem sie meine Kinderseele erleuchtete und entzündete." (62) Teilhard meint, neben seinem angeborenen Geschmack für die Erde habe er seit seiner Kindheit eine intensive persönliche Beziehung zu Gott gehabt, an den er sich in jeder Situation wenden konnte. In der Andacht zum Herzen Jesu konnte Teilhard beide Pole miteinander verbinden, den liebenden Gott und die Materie. Im Herzen Jesu sammelt sich für ihn „die ganze physische und geistige Realität Christi in einem bestimmten und kompakten Objekt" (65). Im Herzen Jesu sieht Teilhard die große Synthese dargestellt, „in welcher sich die Anstrengung meiner ganzen Existenz zusammenfassen sollte: die Synthese des Über-uns und des Vor-uns. Eintauchen des Göttlichen in das Fleischliche." (66) Das Herz Jesu war schon für den jungen Teilhard das Feuer, das fähig ist, „alles zu durchdringen, sich in was auch immer zu verwandeln, ... in das kosmische Milieu einzudringen, um es zu amorisieren." (67) Teilhard versucht eine neue Form der Mystik, in der er die Loslösung der Askese mit der Liebe zur Materie verbindet. Er sucht einen Weg, „auf dem die ganze Dynamik der Materie und des Fleisches in das Werden des Geistes einmündet." (69) Weil Christus, eine Person, das Zentrum des Kosmos und der Zielpunkt der Evolution ist, wird für Teilhard das Universum liebenswert. Die Welt entflammt sich in der Liebe Christi – „durch totale Amorisation" (74). Die Liebe transformiert den Kosmos immer mehr in Christus hinein, sie verbindet „in einem Prozeß der Vergöttlichung alle bewegenden Leidenschaften der Erde" (78). Am 24. Dezember 1917, mitten im Krieg, faßt Teilhard das Wesen seiner Mystik in seinem Tagebuch zusammen: „Bedeutung meines Lebens = die Mystik Gottes in allem leben und leben lassen. Die Grundlagen und die Entwicklung dieser Mystik erahne ich wie folgt: 1. Mystische Fähigkeiten. Es gibt deren zwei...: a) die Liebe zur Person - vor allem lebendig zwischen Mann und Frau = Liebe zu dem, was innig, durchdringend, konzentriert ist; b) Liebe zur Welt - lebendig in allen Menschen ... findet sich in allen Mystikern, bleibt aber häufig unbemerkt = Liebe zu dem, was groß, mächtig, umhüllend, absolut ist. 2. Diese beiden Fähigkeiten sind notwendig, müssen also kultiviert werden (das heißt, die beiden Fähigkeiten zu lieben müssen, um uns mit Gott zu vereinen, ihren Gegenstand weiterführen, nicht ihn verlassen). 3. Die Person und die Welt dürfen nicht als nutzlos verworfen werden, sobald die Fähigkeiten zu lieben genügend stark sind. Damit aber die Person und die Welt zugleich mit Gott geliebt werden können (ohne durch die Kenntnis, die wir von Gott haben, ihren Reiz zu verlieren), müssen wir für sie einen absoluten und göttlichen Anreiz finden. 4. Der Zauber des Universums besteht darin, Gott ein ‚esse tractabile‘ (anrührbares, hantierbares Sein) zu geben. Wir spüren Gott überall (wie die Luft), denn er handelt oder wir handeln. - Wir intensivieren ihn um uns herum, indem wir die Welt vergeistigen. Wir können also im Herzen des Universums ‚Gott betasten‘. Die kosmische Liebe kann als Vermittler dienen, um die personale Liebe zu vergöttlichen... Sie ist ein privilegierter Punkt der Vergöttlichung der Gefühle. Die höhere mystische Impression, die Vereinigung der Liebe zur Person, zur Totalität in Unserem Herrn.... Ein wichtiges Element in der Mystik ist die Lust (die Leidenschaft) am erahnten göttlichen Element... Je mehr ich ich selbst bin, um so mehr gehöre ich Gott. (Vgl. Zelle im Organismus) Je mehr man Realist ist, um so mehr ist man Mystiker. Die Leidenschaft, sich Gott zu vereinen, zwingt den Mystiker, den Dingen ihr Maximum an Wirklichkeit zu geben." (Chr.Mystik 475)

In dieser Mystik Teilhards, der in der Liebe zu einem Menschen und zum Kosmos Gott selbst ertastet, der durch die Welt mit Gott eins wird, spielt das Weibliche eine große Rolle. Wenn Teilhard von der Bedeutung des Weiblichen für seine Spiritualität schreibt, dann wird darin deutlich, daß er Mystik und Eros miteinander verbindet. Erst mit etwa dreißig Jahren begegnet Teilhard „dem Weiblichen von Angesicht zu Angesicht" (Herz 84). Da er in dieser Zeit voller Leidenschaft für die Evolution des Kosmos und für seine christliche Dimension war, lenkte das Weibliche seine Kräfte nicht von seiner mystischen Sehnsucht ab, „sondern traf gerade rechtzeitig auf eine Welt geistiger Aufbrüche, deren Dimensionen, noch ein wenig kalt, nur auf sie warteten, um zu gedeihen und sich bis zu Ende zu organisieren. Der Geschichte meiner inneren Schau ... würde deshalb ein wesentliches Element (eine Atmosphäre ...) fehlen, erwähnte ich nicht zum Schluß, daß von dem kritischen Augenblick an, da ich, viele der alten familiären und religiösen Formen ablegend, begann, zu mir selbst zu erwachen und mich wirklich selbst auszudrücken, sich nichts mehr in mir entfaltete, es sei denn unter dem Blick und unter dem Einfluß einer Frau." (Herz 84f)

Durch den Einfluß der Frau wird die Intelligenz des Mannes sensibilisiert und die Kräfte des Liebens in ihm geweckt. „Nicht mehr als auf Licht, Sauerstoff oder Vitamine kann der Mann – kein Mann – (mit einer täglich dringlicher werdenden Evidenz) auf das Weibliche verzichten." (85) Teilhard steht zu seinem Gelübde der

Ehelosigkeit. Aber er sucht neben der Ehe und einer Ehelosigkeit, die vor allem die Trennung betont, einen dritten Weg, einen höheren Weg: „Nicht durch Flucht (durch Trennung), sondern Eroberung (durch Sublimierung) der unergründlichen, noch schlafenden geistigen Kräfte durch die wechselseitige Anziehung der Geschlechter: das sind, davon bin ich mehr und mehr überzeugt, das heimliche Wesen und die großartige kommende Aufgabe der Keuschheit." (86) In der Begegnung mit dem Weiblichen entdeckt Teilhard das Geheimnis der Amorisation, das den Kosmos verwandelt. Der Mensch würde bei aller Leidenschaft für die Kräfte des Kosmos unvollendet bleiben, „wenn er sich nicht durch die Begegnung mit dem anderen Geschlecht zur zentrierten Anziehung von Person zu Person entflammen ließe. ... Und erst danach (das heißt von diesem ersten Funken an) die ganze Folge, die wir beschrieben haben: nämlich die schrittweise und grandiose Ausbildung eines Neo-Kosmischen, eines Ultra-Menschlichen und eines Pan-Christischen.. Alle drei nicht nur radikal erleuchtet von Intelligenz, sondern auch in ihrer ganzen Masse imprägniert, Wie durch ein einigendes Bindemittel, Von dem Universell-Weiblichen." (86f)

Der Eros spielt in der Mystik Teilhards eine zweifache Rolle. Einmal ist er die leidenschaftliche Liebe zur Materie und zum Kosmos. Teilhard berührt Gott, indem er sich auf diese Welt einläßt. Er überläßt sich dem Prozeß der Evolution und verschmilzt darin. Diese leidenschaftliche Liebe zu dem Christus, der den ganzen Kosmos durchdringt, ist von der Sehnsucht nach Einigung und Verschmelzung getragen. Die Verschmelzung von Mann und Frau in der sexuellen Vereinigung scheint dafür das bestimmende Bild zu sein. Zum andern ist die Mystik Teilhards von der Begegnung mit dem Weiblichen geprägt. Frauen haben ihn eingeführt in das Geheimnis der Liebe, sie haben in ihm neue Kräfte geweckt. Dabei ist Teilhard seinem Versprechen der Ehelosigkeit treu geblieben. Aber er hat in der Begegnung mit Frauen eine neue Qualität der Liebe in sich selbst und im ganzen Kosmos entdeckt. Seine Mystik wurde zärtlicher und sensibler. Nicht mehr nur durch die Hingabe in der Arbeit für diese Welt drückte nun Teilhard seine Beziehung zu Christus aus, sondern durch Gefühle der Liebe und Zartheit, wie er sie durch Frauen kennen lernen durfte. In der Hymne auf das Ewig-Weibliche läßt er die Jungfrau sprechen: „Wer den Ruf Jesu hört, braucht nicht die Liebe aus seinem Herzen zu verwerfen. Er muß vielmehr von Grund auf menschlich bleiben. So braucht er wiederum mich, um seine Kräfte empfänglich zu machen und seine Seele für die Leidenschaft zum Göttlichen zu wecken." (Frauen 21) Die Begegnung zwischen Mann und Frau weckt und vertieft die Leidenschaft für Gott und bringt in die Mystik eine menschliche Färbung, die bunte Farbe der Liebe. Dabei gibt es für Teilhard zwei Wege, den Weg der körperlichen Vereinigung im Namen des Geistes und die geistige Vereinigung mit Verzicht auf die körperliche. Die körperliche Liebe kann die inneren Energien des Menschen befreien und den Geist des Menschen zum Sprühen bringen. (Vgl. ebd 25) Wer auf die Weckung des Geistes durch die körperliche Liebe verzichtet, darf nicht an der Kraft der Liebe vorbeigehen, muß vielmehr „nicht den unmittelbaren Kontakt, sondern die Konvergenz in der Höhe" suchen. (Ebd 28) Teilhard selbst lebt den Weg des Verzichtes auf körperliche Vereinigung. Aber er spürt, daß er die Kraft der Sexualität einfangen und verwandeln muß, damit seine Beziehung zum

Kosmos und zu Gott wirklich von Liebe geprägt ist, daß er das Geheimnis der Amorisation, der Verwandlung der Welt in Liebe, entdecken und in sich selbst wahrnehmen kann. In seinem Artikel „Evolution der Keuschheit" beschreibt er seinen Weg. In einem Brief an einen Mitbruder schreibt er dazu: „Halten Sie im voraus dies fest: In völliger Aufrichtigkeit versichere ich Ihnen, daß ich diese Seiten ohne irgendeinen Hintergedanken geschrieben habe, mir eine Erleichterung zu verschaffen oder irgendeine Entschuldigung." (Frauen 89) Er will selbst den Weg der Keuschheit gehen, aber einen Weg, auf dem ihm das Weibliche Begleiter ist zu Gott, zur Vereinigung mit Gott, nach der er sich mit aller Leidenschaft sehnt. In einem Brief an Jeanne Mortier, die wie er ehelos lebt, kommt er auf die „Verchristlichung des Geschlechts" zu sprechen: „Sie wissen, das ist ein Punkt, der mich immer sehr beschäftigt hat und von dem ich, in der Ausgeglichenheit und Unparteilichkeit am Ende eines Lebens, mehr und mehr glaube, daß man in der Theorie eine positive Antwort geben müßte – auf die Gefahr hin, in der praktischen Anwendung äußerst reserviert und abwartend zu bleiben." Für Teilhard bleibt das Paradox bestehen, daß ein geistlicher Mensch sich von einer Frau befruchten lassen muß, daß er aber zugleich eifersüchtig darüber wachen muß, „von einer Leidenschaft frei zu bleiben, die ihn unterdrückt statt ihn wachsen zu lassen". (Ebd 140) „Das einigende Wirken hat nur Erfolg, wenn die göttliche Anziehung auf das Paar stärker ist als jene, mit der die beiden Elemente des Paares einander anziehen. Alles eine Frage der Sublimierung. – Ich weiß sehr wohl, daß es in der erlaubten Praxis als einfacher und sicherer angesehen wird, die Elemente des Paares zu trennen, um sie ‚sicherer' zu Gott aufsteigen zu lassen. Aber das, ich wiederhole es, verstößt gegen ein fundamentales Gesetz der Natur und stellt deshalb höchstens eine Vorbedingung dar. Wenigstens sollte man sich nicht an die alte ‚östliche' Bedeutung von ‚Geist' klammern, die die Vergeistigung in der Zurückweisung der Materie sieht, die als beschwerender ‚Ballast' betrachtet wird – statt in ihr das Prinzip einer zu Gott aufsteigenden Kraft zu sehen." (141) Für Teilhard ermöglicht die christliche Sicht der Materie, die in der Inkarnation von Christus vergöttlicht wurde, auch eine neue Sicht der Sexualität und des Eros in ihrer Bedeutung für die mystische Erfahrung. Die Materie wird zum Weg zu Gott, die Leidenschaft für die Welt berührt und sucht in allem Gott. Alles wird diaphan, durchsichtig, transparent für Gott. Mystik wird nicht nur etwas Passives, nicht nur Kontemplation, sondern zugleich Aktion. Denn in meiner Arbeit für die Welt wachse ich immer mehr in die Liebe Gottes hinein, auf den hin ich die Welt mit meiner Arbeit treiben möchte.

III. MYSTIK UND EROS IM ALLTAG

Wir haben in dieser Kleinschrift viele Mystiker und Theologen, Psychologen und Philosophen zitiert. Die Frage ist, wie wir selbst in unserem konkreten Leben Mystik und Eros verbinden können. Als wir bei einem Kurs über geistliche Begleitung die TeilnehmerInnen fragten, was sie unter Mystik verstünden, da erzählten sie ganz einfache und stille Erfahrungen. Der eine fühlt sich im Singen ganz eins mit sich und mit Gott. Bei manchen Choralstücken, etwa bei der Communio „Tu mandasti" spürt er, wie Wort und Melodie eins sind und wie er selbst im Singen darin aufgeht. Das ist wie ein Berühren Gottes im Wort. Der andere ist beim Spaziergang stehen geblieben und hat sich von der Frühlingssonne durchstrahlen lassen. Der Wind streichelte leise seine Wangen. Er war ganz in seinen Sinnen. Da konnte er sich selbst vergessen, da war er ganz gegenwärtig. Das war für ihn eine mystische Erfahrung. Da hat Gott ihn berührt im wogenden Wind und in der leuchtenden Sonne. Eine andere ist bei einem Sonnenuntergang nur noch Auge. Sie schaut und schaut und ihr Denken hört auf. Da ist auf einmal alles gut. Da fühlt sie tiefen Frieden. Eine andere erlebt in der dichten Stille nach einer langen Vigil, wie die Zeit still steht und sie eintaucht in das Schweigen Gottes, in die Liebe des Gottes, dessen Gegenwart sie einhüllt, dessen Nähe ihr Herz weit macht und sie frei atmen läßt.

Zwei Spuren möchten wir folgen, um dem Geheimnis von Mystik und Eros in unserem Alltag nachzuspüren. Da ist einmal die Spur der Mystik als in Berührung-Kommen mit der wahren Wirklichkeit. Mystik besteht nicht so sehr in Visionen und außerordentlichen Erlebnissen. Mystik ist vielmehr Einswerden mit der Wirklichkeit, mit meiner eigenen Wirklichkeit, Eintauchen in den eigenen Leib und in die Abgründe der Seele, Berühren meines innersten Kerns, meines Selbst. De Mello nennt diese Weise der Mystik das Wachwerden, awareness, Bewußtheit, Aufwachen aus dem Schlaf und in Kontakt-Kommen mit der eigentlichen Wirklichkeit. Wenn ich die eigentliche Wirklichkeit berühre, dann werde ich frei von den vielen Illusionen, die ich mir über mein Leben gemacht habe, dann werde ich frei von den Abhängigkeiten, die mich bestimmen. Und ich kann viele meiner Persönlichkeitsdramen vom Spielplan streichen und mich dem Spiel Gottes überlassen, in dem ich mich hineinspielen darf in das wahre Leben, in die Freiheit, in die Liebe, in meine authentische Rolle, die mir von Gott her auf den Leib zugeschnitten worden ist. Diese Mystik ist eine sehr stille und nüchterne Mystik. Sie kann keine besonderen emotionalen Erlebnisse vorweisen. Ihre eigentliche Erfahrung ist die des Ganzseins, des Echtseins, des Freiseins und einer Liebe, die alle Fasern des Leibes und der Seele durchdringt. Es ist eine weltliche Mystik, die sich auf die Welt einläßt und sie gestaltet, die also im guten Sinn politisch wird. Und es ist eine Mystik, die sich ganz der Welt überläßt, wie es Teilhard in einem Brief an Ida Treat beschreibt: „Meine ganz mir eigene ‚Religion‘ läßt sich letzten Endes auf dieses (aktive) Sich-Überlassen an eine Welt zurückführen, die ich immer weniger im Detail begreife ... doch deren im Gang befindliche ‚Vergöttlichung‘ oder ‚Personalisation‘ mir immer klarer sichtbar wird. Daß meine Existenz soweit wie möglich ein Akt der Treue zum Leben gewesen sei, ist das einzige, was mich von nun an noch interessiert und was mir Sicherheit gibt." (Frauen 114) Mystik ist Treue zum Leben, Treue zur Wirklichkeit, Sich-Überlassen an den Gott, der mir in meiner Arbeit im Alltag, der mir in der Welt begegnet.

Die andere Spur ist die Kraft des Eros. Mit ihr kommen wir in Berührung, wenn wir die Sexualität in unser Menschsein integrieren und wenn die Sexualität unser Leben kultiviert. Die Sexualität war seit jeher der entscheidende Kultur schaffende Faktor. Sie wird nur dann zur Quelle unseres spirituellen Lebens werden, wenn sie in alle Bereiche unseres Lebens eindringt und sie verwandelt, wenn sie uns zu einem spirituellen Umgang mit der Materie führt. In der Regel Benedikts begegnen wir auf Schritt und Tritt diesem spirituellen Umgang mit der Welt. Da fordert Benedikt vom Cellerar: „Alle Geräte des Klosters und den ganzen Besitz betrachte er wie heilige Altargefäße." (RB 31,10) Wie ich die Dinge behandle, darin zeigt sich nicht nur meine Ehrfurcht vor Gott, sondern auch die Integration oder Desintegration meiner Sexualität. Sexualität will in jede zärtliche Berührung einfließen, sie will mir Lust schenken beim Ertasten der Dinge, beim Umgang etwa mit dem Handwerkszeug, mit dem Eßgeschirr, mit den Altargeräten. Natürlich löst der behutsame Umgang mit den Dingen nicht meine sexuellen Probleme. Da gibt es keinen Trick, sie in den Griff zu bekommen. Aber ich muß darum wissen, worauf ich Lust habe, wo ich ganz achtsam, ganz gegenwärtig, ganz sinnlich sein kann. Dann kann es sein, daß die Selbstbefriedigung auf einmal aufhört, weil die Sexualität in die Achtsamkeit und Sinnlichkeit hineingeflossen ist. Wenn Sexualität sich nicht in der zärtlichen und behutsamen Berührung ausdrükken kann, dann braucht sie immer gleich den Geschlechtsakt. Für manche Menschen ist der sexuelle Akt der einzige Ort, wo sie sich selber spüren, wo sie über sich hinauswachsen. Für sie ist Leben und Sexualität in zwei Bereiche gespalten. Die Kunst wäre, das ganze Leben von der Sexualität durchdringen zu lassen. Walter Lechler spricht von Sensualität versus Sexualität. Er meint, daß die Sexualität nur ein kleiner Bereich des menschlichen Seins ist, die Sensualität dagegen den größten Teil ausmache. Es ginge darum, die Sexualität immer mehr in Sensualität, in Sinnlichkeit, Sinnenhaftigkeit, zu verwandeln, die Sinne zu verfeinern, in und mit den Sinnen zu leben. Wenn ich ganz in der Berührung bin, ganz in meinen Händen, in meiner Haut, ganz in meinem Leib, dann erahne ich zugleich, was Mystik ist und wie die Sexualität in allen Fasern meines Leibes und meiner Seele wirksam ist, dann sind Mystik und Eros eins miteinander.

Diese Mystik des Einsseins mit dem, was ich gerade tue, und des Einsseins mit meinem Leib drückt sich auch in den chassidischen Geschichten aus. Die chassidische Mystik war nicht eine Mystik der Visionen, sondern des Einsseins, des Aufgehens im augenblicklichen Tun. Das hat Rabbi Löb verstanden, als er sagte: „Habt ihr gesehen, wie der Alte tanzt?... Glaubt mir, so sehr hat er all seine Glieder geläutert und geheiligt, daß seine Füße mit jedem Schritt heilige Einungen einen." (Buber 289f) Und ein anderer Rabbi fuhr zu einem heiligen Mann „nicht, um Lehre von ihm zu hören: nur um zu sehen, wie er die Filzschuhe aufschnürt und wie er sie schnürt." (Ebd 224) Im konkreten Tun, in der Art, wie ich esse und trinke, wie ich mein Bett mache und wie ich arbeite, zeigt sich meine Mystik, mein Einssein mit Gott oder aber meine Entfremdung von Gott, mein inneres Gespaltensein.

Der Eros prägt meine Spiritualität, wenn ich lustvoll lebe, wenn ich Lust habe etwa am Singen, am Sprechen, an meinen täglichen Ritualen. Gerade die Liturgie ist ein guter Ort, an dem ich den innersten Gefühlen im Singen Ausdruck geben kann. Das Singen ist ja von seinem Wesen her Ausdruck der Liebe. Cantare amantis est, sagt Augustinus. Der gregorianische Choral hat oft Liebeslieder benutzt, um unsere Beziehung zu Gott zu besingen, etwa im Kyrie 3, das auf ein altes römisches Liebeslied zurückgeht. Lustvoll leben meint aber auch, in Beziehung zu seinem eigenen Leib sein, Lust an den Gebärden haben, am langsamen Schreiten, an den offenen Händen, am Kuß des Altares. Geistliches Leben könnte man mit dem hl. Benedikt als Lust am Leben verstehen, als die Fähigkeit, seinen Alltag lustvoll zu leben. Das beginnt schon bei meinen persönlichen Ritualen. Wenn ich Lust daran habe, den Morgen mit einem bestimmten Ritual zu beginnen, dann werde ich den Tag anders erleben. In meinen persönlichen Ritualen erfahre ich, daß ich selber lebe, anstatt gelebt zu werden. Ich spüre meine eigene Identität. Und ich drücke darin meine Lust am Leben aus. In den Ritualen bekomme ich einen Zugang zur eigentlichen Wirklichkeit. Insofern sind Rituale Ausdruck der mystischen Wahrnehmung der Realität und Schritte auf der erotischen Spur.

Unbewußt erleben viele Menschen die Verbindung von Mystik und Eros in ihrem Leben. Wir möchten sie in dieser Kleinschrift nur ermutigen, ihre Erfahrungen ernst zu nehmen, sie dankbar zu meditieren als Gottesgeschenk. Andere fragen vielleicht nach konkreten Handreichungen, wie das denn gehen solle, Mystik und Eros in seinem Leben zu verbinden. Ein bescheidener Weg dazu wäre die Übung der Achtsamkeit, der bewußten Wahrnehmung dessen, was ist. Wenn ich achtsam

dem Freund, dem Gatten, dem Gast, die Kaffee-
tasse hinstelle, nicht nur wegen des Gastes, sondern auch wegen der Tasse, meinetwegen, wegen
der Atmosphäre im Raum, dann ist das Mystik
und Eros. Ein Vater bringt sein Kind ins Bett und
bleibt noch einen Augenblick bei offener Türe
stehen. Da leuchtet auf einmal alles, da geschieht
Mystik und Eros. Es ist immer ein Geschenk,
wenn wir solche Augenblicke erleben, in denen
alles still steht, in denen wir nur im Schauen, im
Spüren, im Horchen sind, in denen wir in Berührung sind mit der Wirklichkeit. Aber wir können
die Achtsamkeit auch üben. Für David Steindlrast
besteht Meditation in der Übung der Achtsamkeit
des Herzens, ihm geht es um das Sakrament des
Augenblicks. Im Sakrament des Augenblicks wird
das Sichtbare zum Ausdruck des Unsichtbaren,
da geschieht Vermittlung von Mystik und Eros,
da berühren wir im Sichtbaren den unsichtbaren
Gott, da ist Mystik und Eros miteinander eins.
Der buddhistische Mönch Thich Nhat Hanh
spricht vom Weg der Achtsamkeit und gibt eine
ganze Reihe konkreter Übungen an, diese Achtsamkeit in alle Lebensbereiche hineinfließen zu
lassen. Wenn ich achtsam und wach in meinem
Leib bin, ganz im Atem, nur noch reines Atmen,
dann ahne ich etwas von der Lust am Einssein,
von der Sehnsucht nach Verschmelzung, dann ist
dieses stille Sein in meinem Atem erosdurchtränkt,
dann geht mir für einen Augenblick etwas auf von
Mystik und Eros. Aber das werde ich nur erfahren können, wenn ich auch bereit bin, die dunklen
und negativen Seiten des Lebens anzunehmen.
Die Erfahrung von Mystik und Eros wird nie zu
einem dauernden Besitz werden. sie wird vielmehr immer nur mitten im Scheitern, mitten in
den täglichen Auseinandersetzungen als „göttliche Überraschung" (Weinreb) auf einmal da sein,

von Gott geschenkt. Wir können uns durch die Übung der Achtsamkeit nur dazu bereiten, machen können wir sie nicht. Ja wir werden die Gnade erotischer Gottesnähe mitten in unserer Schwäche erleben, mitten in unserem Unvermögen, unsere Sexualität selbst in spirituelle Sehnsucht zu verwandeln. Das hat der langjährige Mönch und Gestalttherapeut de Roeck auf seinem spirituellen Weg erfahren: „Es gibt keine vergeudeten Jahre. Mein Mißlingen, meine Neurosen, meine einsame Selbstbefriedigung, meine Ohnmacht, eine Beziehung aufzubauen, meine Verwirrungen, meine Freßsucht, der Harnisch, der mein Gefühl abschirmt und bis in meinen Körper verwachsen ist – dies alles ist die kostbare Erde in meinem Garten, wo Weisheit wächst zwischen Freude und Frieden." (de Roeck 86f) So möchten wir keinem, der sich auf den Weg macht, Mystik und Eros zu verbinden, eine heile Welt versprechen, ein dauerndes Glücksgefühl. Wir möchten ihn nur ermutigen, mitten in seinem Alltag von Gelingen und Scheitern offen zu sein für das Geschenk, das Gott ihm immer wieder schenkt. Die Übung der Achtsamkeit kann uns für solche mystische Erfahrung bereiten, aber manchmal kommt eine erotisch getränkte Gottesnähe mit göttlicher Überraschung gerade nach einem heftigen Streit oder nach einem peinlichen Versagen über uns. Alles, was uns aufbricht, mag es Liebe sein oder Schuld, kann uns für Gott aufbrechen, der gerade dann mit uns eins werden möchte, wenn wir an unserer Ohnmacht und Schwäche leiden.

Ein anderer Ausdruck erotischer Mystik können innere Bilder und Visionen sein. Morton Kelsey meint, jeder 10. Mensch habe Visionen. Die Mystiker haben viele Visionen erlebt, zugleich aber kritisieren sie Leute, die sich mit ihren

Visionen interessant machen. Die Visionen sind nur dazu da, unsere Liebe zu Gott zu intensivieren. Neben dem Phänomen, sich mit seinen Visionen wichtig zu nehmen, gibt es heute aber auch bei vielen Menschen eine Angst, über ihre Visionen zu reden. Man befürchtet, gleich in die psychiatrische Ecke gestellt und für unnormal gehalten zu werden. Mir erzählten einige recht nüchterne Menschen von ihren Visionen, daß sie bei der Eucharistie Christus gesehen hätten, daß sie nachts Maria oder einen Engel in ihrem Zimmer wahrgenommen hätten. Ich habe keinen Grund, an ihren Aussagen zu zweifeln. Es gibt auch heute noch Erfahrungen, die denen der mittelalterlichen Frauenmystik ähneln. Damals war es möglich, über seine Erlebnisse zu reden. Heute wird es eher belächelt. Natürlich sind solche Erfahrungen keine Offenbarungen Gottes, die der Offenbarung in der Hl. Schrift etwas hinzufügen würden. Sie sind vielmehr zu deuten wie Träume. Es sind Erlebnisse in der Psyche, immer auch vermischt mit den Bildern des Unbewußten. Sie sind nicht die einzige Weise der Gotteserfahrung und auch nicht die Höchstform der Mystik. Aber dennoch sind sie Erlebnisse, die die Liebe zu Gott vertiefen, ja manchmal erst entflammen können. Sie sind geprägt von der Kraft des Eros. Wenn wir die Kritik eines Meister Eckehart und eines Johannes vom Kreuz an diesen Visionen mitbedenken, können wir uns ihnen doch ohne Angst zuwenden. Vor allem aber dürfen wir Menschen, die diese Weise der Mystik erfahren, nicht für psychisch angeschlagen halten. Die Vision allein ist natürlich noch kein Beweis für den echten Mystiker. Vielmehr zeigt sich die Echtheit der Gotteserfahrung in der liebenden Ausstrahlung eines Menschen, in seiner Beziehung zu den Menschen und in seiner alltäglichen Arbeit. Ein Blick in die Geschichte der Mystik könnte uns Kriterien an die Hand geben, wie wir mit den vielen Menschen, die heute Visionen haben, mit Achtung und dennoch kritisch über ihre Erfahrungen sprechen sollten.

In den Visionen kommt das ekstatische Element der Mystik zum Ausdruck. Hier wäre zu bedenken, was Wunibald Müller über die Ekstase geschrieben hat. Müller sieht in der ekstatischen Gotteserfahrung eine Versöhnung von Sexualität und Spiritualität. Er schreibt: „In der Ekstase bricht sich die alles überwindende und durchdringende Kraft des Glaubens Bahn. Im Zustand des Ekstatischen ist der Glauben am lebendigsten. Es ist der Moment, in dem der Mensch am meisten geöffnet, durchlässig ist, von innen nach außen und von außen nach innen. Es ist der Moment, in dem er am lebendigsten ist, er sich am stärksten spürt, alles in ihm in Wallung und Zittern sich befindet. Es ist der Moment, in dem er am stärksten mit dem Leben in Berührung ist. Und mit dem Leben in Berührung zu sein heißt, dem Eingewobensein in die Schöpfung gewärtig zu sein, es körperlich wahrzunehmen und es sich seelisch, vom Kopf und vom Herzen her zu vergegenwärtigen, d.h. mit dem Grund in mir selbst in Berührung zu sein, ihn zu spüren oder zumindest zu erahnen." (Müller, Ekstase 41) Es ist ja interessant, daß Abraham Maslow, der Begründer der transpersonalen Psychologie, von Gipfelerfahrungen spricht, von ekstatischen Erfahrungen. Die Frauenmystik des Mittelalters gab diesen ekstatischen Erfahrungen eine Sprache. In der Kirche haben wir jedoch heute keine Sprache mehr für Mystik und Ekstase. Wir müßten erst wieder neu lernen, die visionären Erfahrungen ernst zu nehmen und zugleich auch in einer psychologischen Sprache verständlich zu machen.

Dann könnten wir entdecken, daß in diesen ekstatischen Erlebnissen die Kraft des Eros die Gotteserfahrung prägt, daß Mystik und Eros darin immer schon verbunden sind.

In der Geschichte der Spiritualität gibt es zwei verschiedene Wege, Mystik und Eros miteinander zu verbinden. Da ist einmal der asketische Weg, der auf die genitale Sexualität verzichtet und von vornherein versucht, die Kraft der Sexualität und des Eros für die Beziehung zu Gott fruchtbar zu machen. Und es gibt den Weg der gelebten Sexualität, den Weg der Eheleute, die ihre Sexualität als transparent erleben auf Gott hin, und den Weg, daß Menschen, die ihre Sexualität ausgelebt haben, darauf verzichten und einen spirituellen Weg gehen. Es ist immer eine Spannung zwischen Eros und Mystik, eine Gratwanderung, bei der ich nie weiß, ob ich zum Gipfel komme oder aber abseits vom Grat hängen bleibe. Es gibt keine Patentlösung, wie ich Eros und Mystik, Sexualität und Spiritualität miteinander verbinde. Am wenigsten aber hilft hier die moralische Sicht. Es geht nicht um die Erfüllung moralischer Normen, sondern darum, die Sexualität für Gott durchsichtig werden zu lassen. Der Weg zu dieser Verwandlung der Sexualität kann sehr verschieden aussehen. Eheleute könnten hier von ihren Erfahrungen berichten, wie sie die innere Spannung zwischen Eros und Mystik erleben, wie manchmal Sexualität sich verselbständigen kann und wie sie dann wieder zum Ort wird, wo sie Einswerden erfahren und im Einswerden etwas von der letzten Einheit mit Gott, mit dem andern, mit der Schöpfung und mit sich selbst erahnen. Und Ordensleute könnten davon erzählen, wie sie mit ihrer Sexualität ringend immer wieder Augenblicke erleben, in denen alles eins ist, in denen ihnen Gott so nahe erscheint, daß sie sich umarmt fühlen, geborgen, gestreichelt. Dann spüren sie auf einmal, wie der Eros ihre Gotteserfahrung durchdringt, wie sie zugleich mit ihrer Sexualität und mit Gott eins sind, wie alles in ihnen ruhig ist und zugleich vibriert, wie sie mit Leib und Seele sich Gott öffnen und sich ihm hingeben.

Mystik und Eros im Ordensleben
(Anselm Grün)

Nach einem Vortrag fragte mich ein junger Mann, wie ich denn als Mönch ganz konkret meine Sexualität in mein spirituelles Leben integriere und wie ich Mystik und Eros miteinander verbinde. Vielleicht fragt sich mancher Leser am Ende dieser Kleinschrift auch, wie das denn konkret aussehe. Ich will mich um eine Antwort nicht drücken. Aber ich spüre zugleich, wie ich nach Worten ringen muß, um der Frage gerecht zu werden. Von meiner eigenen Lebensgeschichte her weiß ich, daß ich mit der Sexualität immer dann Schwierigkeiten habe, wenn ich sie in Griff bekommen will oder wenn ich die Beziehung zu ihr verloren habe, wenn ich sie abschneide oder verdränge oder mich am liebsten über sie erheben möchte. Wenn ich sie dankbar annehme als eine Kraft, die mich lebendig hält, die mich über mich selbst hinausführen möchte, die mich ganz Mann sein läßt, dann gibt es Augenblicke, in denen sich meine Sexualität in eine spirituelle Energie verwandelt. Dann fühle ich in mir tiefen Frieden. Und ich weiß auf einmal tief in meinem Herzen, daß mich meine Sexualität über mich hinaus in Gott hinein emporheben möchte, daß sie mich dazu antreiben will, mich Gott hinzugeben, mich in Gott hinein fallen zu lassen und mich in ihm zu vergessen. Dann ahne ich, was Teilhard wohl meinte, wenn er in der Materie, in der Sexualität und im Eros „das Prinzip einer zu Gott aufsteigenden Kraft" (Frauen 141) sieht. Dann fühle ich mich beim Psalmensingen mit meinem Leib auf Gott bezogen. Dann erahne ich beim Empfang der Hostie etwas vom Kuß Jesu Christi, der mich liebt und mit mir eins werden möchte in seiner Liebe. Und dann sind mir die Visionen der Mystiker und Mystikerinnen nicht mehr fremd, die die Liebe Christi leibhaft erleben. Ich kann nicht genau sagen, wie das geht, Mystik und Eros miteinander zu verbinden. Ich spüre nur, daß in meine Beziehung zu Gott eine andere Qualität kommt, wenn ich für meine Sexualität dankbar bin, wenn ich auch dann für sie dankbar bin, wenn sie sich gegen meinen Willen regt, der sie immer noch beherrschen möchte. Dann verliert sich in mir die Angst vor der Sexualität. Dann sehe ich gerade in meiner Sexualität die Unruhe, die Gott mir ins Herz gesenkt hat, damit ich nicht eher Ruhe gebe, bis ich Ruhe finde in Ihm. In der Dankbarkeit für meine Sexualität blüht auch der Eros als eine heilige und heilende Kraft auf, da gibt er meinem Leben einen neuen Geschmack, da bringt er in meine Beziehung zu Gott den Geschmack des Weines, da verwandelt er das abgestandene Wasser meiner moralischen Reinheitsideale zum Wein des göttlichen Lebens, da führt er mich in die sobria ebrietas, in den nüchternen Rausch der göttlichen Liebe. Es ist ein nüchterner Rausch, der sich ganz zart und sanft ausdrücken kann im behutsamen Umgang mit den Dingen meines Alltags, im bewußten Wahrnehmen meines Leibes, in der wachen Offenheit für die Brüder und Schwestern um mich herum, im Präsentsein im jeweiligen Augenblick, in der Achtsamkeit für den gegenwärtigen Gott. Mysti-

ker ist für mich der ganz gegenwärtige, der präsente
Mensch, der alles so erlebt, daß er Gott darin
berührt, daß sich der Himmel über ihm öffnet
und das Licht der Verklärung alles verwandelt in
Gott hinein, das Ziel unserer Sehnsucht.

Mystik und Eros in der Familie
(Gerhard Riedl)

Mystik und Eros ist im ganz gewöhnlichen Durch-
einander enthalten, das z.B. aus sehr unterschied-
lichen Familienmitgliedern, einem abgegessenen
Abendbrottisch, zu spülenden Geschirrhügeln,
aufzuräumendem Spielzeug und noch unklaren
Hausaufgaben besteht. Doch wer sucht da schon
gern. Lieber besuche ich einen workshop, gehe
für ein paar Tage ins Kloster oder zu einem Kurs
ins Haus der Kontemplation St. Benedikt. Das ist
ja auch gut so. Denn dort wird mir wieder gesagt,
daß der mystische Weg ein Weg ist, der in den
Alltag führt.
An einem von diesen ganz durchschnittlichen
Alltagen war ich gerade dabei, mich leise aus dem
Getriebe in der Küche auszuklinken, um einen
Stock höher in der Stille zu sitzen. Da rief mir
meine Frau nach: „Wasch die Windel raus und
schalt auf zwei!" Tonumfang und Melodie waren
so eindeutig, daß ich genau wußte, was sie von
meiner Idee hielt. Sollte ich nun dieses tun und
jenes lassen oder was? Für alles fand ich eine gute
Begründung: „Sitzen ist jetzt wichtiger, ... jetzt
erledige das halt, dann hast du deine Ruhe, ... du
mußt auch mal nein sagen können, usw." Innerhalb von Sekunden erzeugte dieses Hin und Her
Konfusion. Ärgerlich zu reagieren ist in diesem
Zustand ein probates Mittel, die Schuld anderen
zu geben. Und ich muß zugeben, daß es lange

dauerte, bis ich begriff, daß es weder Tricks noch Schleichwege gibt auf diesem Weg.

Weder der neidvolle Blick zu den Alleinstehenden oder in mönchischer Gemeinschaft Lebenden, die scheinbar sitzen und Kurse besuchen können, wann es ihnen paßt, noch das etwas wehleidig klingende „Du hast's gut" zu meinem Freund Anselm bringt mich da weiter. Umgekehrt hilft denen auch nicht, mit erotischen Phantasien behaftet, auf uns Eheleute zu zeigen und zu sagen „Ihr habt's gut, ihr lebt in einer Partnerschaft und könnt eure Sexualität genießen". Mit solchen Schwarz-Weiß-Malereien kommen wir nicht sehr weit. Verschiedene Wege bringen auch verschiedene Aufgaben mit sich. Also fange ich da an, wo ich gerade stehe, bzw. sitze, schaue auf ein schönes Kalenderblatt und lasse mich von Christian Morgenstern ermutigen: „Wir brauchen nicht so fort zu leben, wie wir bis jetzt gelebt haben. Macht euch nur von dieser Anschauung los und tausend Möglichkeiten laden euch zu neuem Leben ein." Das setzt jedoch voraus, daß ich bereit bin, meine Zielstreberei aufzugeben. Das Gerenne nach spirituellen und sexuellen highlights trübt den Blick für die weniger attraktive Alltäglichkeit. Wenn wir an unseren Ideen und Vorstellungen wie Kletten kleben, entdecken wir nicht die sich uns bietenden Möglichkeiten. Apropos Gelegenheit! Es war ein tibetischer Lama, der mich darauf aufmerksam machte, daß wir unser Augenmerk z.B. darauf legen könnten, den Tisch abzuwischen, wie wenn er meine Seele wäre. So eines konkreten Hinweises bedarf es manchmal, um einen Weg aus dem einseitigen Funktionieren zu finden, denn „in der Wirklichkeit ist's unterbrochen durch all die Irrtümer, Fehler, Unzulänglichkeiten, durch das Bösartige von Mensch zu Mensch, durch das Ratlose und Trübe –, ja beinah durch alles, was uns täglich angeht". (Rilke, Briefe 18) Nach Patentrezepten halten wir vergebens Ausschau. In diesem Zusammenhang darf an Watzlawicks Ausdruck von der „Patendlösung" erinnert werden. Er charakterisiert damit Lösungen, die so patent sind, daß sie das Problem mitsamt den dazugehörigen Zusammenhängen aus der Welt schaffen. Eine Hilfestellung wie den Tisch einmal bewußt abzuwischen, kann dazu beitragen, die Frust- und Jammerschleifen in unserem Alltag zu unterbrechen und Gelegenheiten zu entdecken.

Von einer solche Gelegenheit möchte ich erzählen: Letztes Jahr erneuerten wir unser Hausdach. Das war eine größere Arbeit, die mehrere Leute ordentlich beschäftigte. Als ich nachmittags die Treppe hinuntersprang, um Nägel zu holen, schaute mich unsere zweijährige Lena mit großen Augen an und bat: „Grüß Gott spielen!" Das heißt übersetzt: Spiel doch mit mir Kaufladen!" Nicht vom Donner gerührt, aber von ihrem leisen Fragen und Schauen angezogen, legte ich mein Werkzeug hin und fing an, mit ihr zu spielen. Diese Unterbrechung öffnete meine Wahrnehmung ganz überraschend für eine andere Wirklichkeit als die, der ich gerade intensiv verpflichtet war. Dieses kleine Wesen bremste meine Zielstreberei und nahm mich mit in ihre Welt. Es währte gar nicht so lange, bis sie mich wieder ziehen ließ. Die Zeit war kurz, doch der Spiel-Raum, den ich mit ihr betrat, war so anders als der, aus dem ich kam und in den ich verändert wieder ging. Es gibt Augenblicke im Leben, wo du weder Mystik von Eros noch Eros von Mystik unterscheiden kannst. Vielleicht ist das wie eine lange Welle, die überraschend angerollt kommt und dich umarmt und befruchtet, wie du dich umgekehrt die ganze Welt umarmend und befruchtend erlebst. Mit den Stunden verblaßt die erst ein-, dann auswärts drehende ursprüngliche Freude und geht in eine heitere Stimmung über. Früher oder später dominiert das Ich dann wieder und der Glanz in den Augen läßt nach. In der Familie spiegeln uns die Kinder mit ihren direkten Lebensäußerungen die Karätigkeit solcher Erfahrungen. Bloßer Gefühlsüberschwang wird die kleinen Störungen und Ärgernisse zu Hause nicht lange überleben.

Es gibt in unserem Leben unter Umständen mehr von jenen Erlebnissen, „Seinsfühlungen" (Graf Dürckheim), als wir annehmen. Während ich mich mit diesem Thema beschäftige, bin ich überrascht, wie verloren geglaubte Erfahrungen wieder auftauchen, so daß sich die Sache auf eimal ganz anders präsentiert: wie kommt es, daß wir nicht fähig sind, diese Ereignisse verschiedener Qualität und Intensität zu verbinden zu einem Faden, einer Spur, einem Weg?

Wenn ich allerdings meinen beruflichen Alltag in der Familien- und Lebensberatung anschaue und, soweit es mir möglich ist, offen bin für die Nachrichten aus der einen Welt, dann ist da wenig von Mystik und Eros zu spüren. Aber viel ist wahrzunehmen von Leid und Gewalt, Macht und Kommerz, Krieg, Betrug, Ausbeutung und Wahnsinn. Das liegt sicher auch an meinem Bild von Mystik und Eros. Und daß sich viel von dem, was ich außerhalb von mir wahrnehme, in mir abspielt, ist schmerzhaft, aber Wirklichkeit. Weder das eine noch das andere auszuschließen, ihm aber auch nicht zu erliegen, erfordert wahrhaft, sich um Herzensbildung zu bemühen. In den dunklen und schwarzen Farben des Lebens ist das Lichte immer wieder schwer zu erkennen oder gar nicht zu sehen. Das ist keine intellektuelle, sondern eine meine gesamte Existenz betreffende Schwierigkeit. Durch Emotionen und Denken hindurch zur liebenden „Intelligenz des Herzens" (Hillesum) vorzudringen, finde ich nicht leicht.

Ein Beispiel mag das unterstreichen: Nach zweijähriger Zusammenarbeit an der Beratungsstelle kam eine Frau nochmals auf ihre Abtreibung zu sprechen. Sie war damals erst siebzehn Jahre alt und freute sich auf das Kind. Ihr Vater zwang sie jedoch, in Holland abzutreiben. Es würde hier zu weit führen, die damit zusammenhängenden kranken Beziehungsmuster, Macht-Ohnmachtkonstellationen und sonstigen Familiennöte zu würdigen. Auf jeden Fall träumt Frau B. seit zwanzig Jahren ähnliche Abtreibungsträume immer wieder. Ergänzend zu unseren Gesprächen bot ich ihr an, das ganze von ihr erlebte Drama zu malen. Sie könne sich dafür ja Zeit lassen; es ginge zunächst nur darum, mit ihrer Wirklichkeit wieder in Kontakt zu kommen. Doch schon zum nächsten Termin brachte sie eine Serie von zehn Bildern mit, die sie während ihrer schlafarmen Nächte gemalt hatte. Eines wirkte bedrückender als das andere. Das Allerletzte war jedoch nochmals ganz anders: es zeigte einen das ganze Blatt ausfüllenden schwarzen Malstrom, der blutrote, zerfetzte Körperteile umherschleuderte. Ihr Kommentar: „Das bin ich mit dem Kind." Betroffenes Schweigen, Rat-losigkeit, Todesstille. Später fiel mir der in der Mystik beschriebene „horror vacui" ein; dieses schwarze Loch in der menschlichen Existenz. Frau B. wünsche ich, daß ihr mutiges, lebendiges Erinnern zu einer sie erlösenden Gegenwart beiträgt. Hoffnung besteht! In diesem Beispiel sehen wir die unheilvollen Auswirkungen der Lebensmacht Geschlechtlichkeit, jener Kraft, durch die auch das Wunder des Lebens gezeugt wird und in der zwei eins zu werden vermögen. Wir dürfen angesichts der realen Not vieler Menschen auf diesem Gebiet (Abtreibung, sexueller Mißbrauch, Sexsüchtige usw) nicht nur unser heiles Süppchen kochen. Der Weg zum Heil ist für viele Menschen lange und sehr schmerzhaft. Worten wie Mystik und Eros können wie bei Frau B. ausgesprochen negative Erlebnisse zugrundeliegen. Echtes Verstehen und Mitfühlen mag, wo es gelingt, in solchen Situationen Türen öffnen für ein umfassenderes Wahrnehmen der Wirklichkeit.

Auf eine Erfahrung des Ehelebens möchte ich noch eingehen. Auch in der Partnerschaft gibt es Phasen sexueller Enthaltsamkeit. Das Errichten einer Behausung, die berufliche Karriere – meistens die von uns Männern –, die Anforderungen durch die Kinder, der Hausarbeitsalltag – meistens der der Frauen –, Krankheiten, Konflikte und vieles mehr, all das kann zu einem „Ich bin müde-Gefühl" führen. Nachdenklich stimmt uns, wenn diese Phasen länger andauern oder sehr einseitig erlebt werden. An dieser Stelle soll noch angemerkt werden, daß wir allzugern in Konflikten zu „schwindelerregend schiefen Sichten" (O. Paz) unseres Beziehungsuniversums neigen.

Zärtlichkeitsbedürfnisse werden u. U. durch kleine Kinder abgesättigt. Ich meine jedoch nicht, daß Sexualität in irgendwelche geistigen Bereiche sublimiert wird. Eher, daß die familiären, beruflichen und geistigen Prozesse soviel Kraft aufsaugen, oder anders ausgedrückt, daß das Zu-Ernstnehmen des „1000-kleine-Sorgen-Alltags" (Hillesum) die Vernachlässigung (bis hin zur Verödung) des sexuellen Bereichs nach sich zieht. Die Familie bietet Sicherheit. Unbestreitbar! Die Kehrseite indes besteht in der Gefahr des Zerfaserns und Zerfasertwerdens. Wenn wir uns mal wieder dabei ertappen, wie wir uns in fast alles und jedes verstricken, vieles voreilig dramatisieren, dann hilft uns ein einfaches Gegenmittel: „Raus

aus der Identifikation!" Das sagt sich allerdings leichter, als es sich tut.

Wie Eros und Mystik in der partnerschaftlichen Sexualität erlebbar wird, mag verschieden sein. Wie es das Laute und das Leise gibt, so auch das Wilde und das Zärtliche. Sexuelles Erleben sollte jedem Befriedigung ermöglichen, die sich bis zur Zufriedenheit auszudehnen vermag. Von der je eigenen Potenz könnte es zu einer Lebendigkeit hinführen, die nicht mehr Orgasmen zählen muß. Und vom Boden eines ichhaften Genießens vermag es uns zu hoch- und tiefbeglückenden Erfahrungen tragen. Einfachheit in der intimen Gebärde und vermehrtes Wahrnehmen von Nuancen in der Begegnung könnten Leitmotive sein. Auf unser Thema bezogen ist es eine der Aufgaben in der Ehe, von der personalen zur kosmischen Sexualität zu reifen. Thich Nath Hanh sagte einmal schmunzelnd, daß er der Erfinder der achtsamen Umarmung sei. Mich selbst zu befriedigen ist machbar, eine achtsame Umarmung ist es nicht. Da gehören zwei dazu und eine Qualität, die uns umfaßt.

Die Sehnsucht, sich auch durch den Partner zu erfahren, ist groß. Leider verwechseln wir immer wieder Vergnügen mit Glück. Sexuelles Vergnügen lebt von ständig neuen Reizen. Das wird uns auch von den Medien unaufhörlich eingeimpft. Konrad Lorenz nahm dazu eindeutig Stellung: „Vergnügen führt zur Triebverflachung, der Verhausschweinung des Menschen; führt zu einem Überwuchern niedriger Triebe. Es gibt Menschen, die nur an Fressen und Begattung denken." Kontrapunktiv dazu schlage ich vor, um nur eine Möglichkeit anzudeuten, der Traumfrau durch Traumarbeit nachzugehen und dabei zu entdekken, wieviel diese Bilder mit der eigenen Lebensgeschichte zu tun haben. Das ist allemal hilfreicher als die Partnerin an dem Traumgebilde zu messen und echte Begegnung zu erschweren.

Es ereignete sich einmal Folgendes: Müde kommen Vater und Mutter aus den Zimmern der Kinder. Endlich schlafen sie! Es ist still. Sie schauen sich an. Kein Funke, der überspringt, nein, es ist eher ein mildes Ganzes. Da ist nichts mehr, was fehlt oder noch dazugehörte! Sie erschauten sich einfach für einen Moment und gingen hinunter, um die Küche aufzuräumen. „Gesegnete Ruhe" nannte F. Perls diesen Augenblick des Nachschwingens nach einem Tun, in dem man mit vollstem Herzen dabei war und ist, wenn tiefer Friede sich ausbreitet in Körper, Geist und Seele. Unsere erste Sprache ist die Bewegung. Schauen wir einmal, wie sanft und friedvoll die achtsam bewegten, kleinen Finger und drehenden Hände eines Säuglings spielen. Für den einen ist das eine ganz nette, tolpatsche Bewegung, für den andern oder ein andermal tanzt in den gleichen Gebärden die Schöpfung.

Ich gebe zu, daß ich Achtsamkeit am meisten schätze, wenn sie mir angenehm ist. Wenn aber mehrere Kinder gleichzeitig Keuchhusten haben und du x-mal in x-Nächten aufstehst, kann es sein, daß dich der Affekt mal überrennt. Unter Umständen in einer ganz anderen Situation während des Tages. Doch auch dieser Mist kann, in Bewußtheit angenommen, zu glänzen anfangen. Wo uns schmerzhaft Fehlhaltungen bewußt (gemacht) werden, ertappen wir uns oft flüchtend (in Intellektualismus, Aktivität, Alkohol, Meditation usw.), wehrhaft verteidigend, überzogen angreifend oder nach den schon erwähnten „Patendlösungen" suchend. Da ist uns „liebevolles Hinhören" unangenehm, wird allzugern zum Fremdwort. Wir leben und inszenieren unsere persönlichen und familiären Dramen mit viel Energie, verteidigen unser Ich mit Zähnen und Klauen. Der erste Schritt ist, zuzugeben, daß uns unser Kampf sehr ans Herz gewachsen ist. Ohne dieses Eingeständnis wird der Weg nicht frei für weitere Wachstumsschritte. Die Familie ist eine gute Plattform für solcherlei Bewegungen, es mangelt nicht an entsprechenden Gelegenheiten, sogar Liebeserklärungen: Eine Frau und ihr Mann umarmen sich liebevoll. Ohne daß die beiden darauf achteten, bemerkte das jemand anders. Zwei himmelblaue Augen schauen zum Vater hoch und das kleine Kind sagt: „Papa, gel, Du hast die Mama gern" und lachend ergänzt es: „Ich auch". Da lebt Eros in der Familie.

In einem „Handbuch für alltägliche mystische und erotische Erfahrungen" würde z.B. etwas stehen über das morgendliche Aufwachen, über das bewußte Atmen, hätte das sorgfältige Abnehmen des Telefonhörers mal mit der anderen Hand und zum anderen Ohr geführt genauso Platz wie das Zuschauen, wie die Kleinste in der Familie hingebungsvoll die Schnürsenkel durch die Ösen der Schuhe des großen Bruders fädelt. Es könnte sein, daß wir auf unser Bett hingewiesen würden, das uns in der Nacht so gut wärmte, damit wir es wieder etwas sorgfältiger behandeln. Vielleicht würden wir ermuntert werden, eine schon zum zwanzigsten Male vorgetragene Kritik des Partners nicht gleich mit Gestöhn zu kontern, sondern, im Atem spürend, sie auf uns wirken zu lassen. Wir könnten unter Umständen die unseren Kampf ent-täuschende Erfahrung machen, daß uns unser Gegenüber tatsächlich nicht eins über die Rübe zünden wollte, sondern uns ein dringend notwendiger Spiegel ist, der uns dabei hilft, den Balken im eigenen Auge zu entdecken. Unerschöpflich wäre da das Angebot! Tatsächlich glaube ich, daß es uns allen gut tut, aus dem

Charakterpanzer auszusteigen und dem Wiederholungszwang ein Schnippchen zu schlagen. Und dazu bedürfen wir einander! Es mag uns durch diese Weisen gelingen, den Boden für ein „spirituelles Milieu" in der Familie zu bereiten. Da werden wir uns gegenseitig zum Nährboden, in den hinein wir, in Anlehnung an ein indisches Sprichwort, mit den Kindern Wurzeln schlagen dürfen, solange wir klein sind oder uns klein fühlen, und wo uns und unsern Kindern Flügel wachsen, wenn wir größer, reifer werden. Individuation bedeutet, familiär betrachtet, Ko-Evolution (J. Willi), wenn wir die Familie als Wachstumsweg, als Weg zu Gott betrachten.

Schluß

Mystik und Eros gehören zusammen. Mystik wird ohne Eros blaß und zur Flucht in die Transzendenz. Eros wird ohne Mystik leer und verkommt zur sexuellen Süchtigkeit. Die Trennung von Mystik und Eros hat in der Geschichte immer wieder zu unheilvollen Strömungen geführt. Sie würde auch heute die kirchliche Verkündigung ihrer Kraft und Lebendigkeit berauben. Vor allem aber würde sie zur inneren Spaltung derer führen, die den inneren Weg gehen. Ein Blick in die Geschichte der Mystik zeigt, daß es dort Männern und Frauen gelungen ist, beide Pole miteinander zu verbinden, die Kraft des Eros in die Beziehung zu Gott zu integrieren und sich vom Eros zu Gott tragen zu lassen. Die Schriften der Mystiker lassen erahnen, wie eine Verbindung von Mystik und Eros den Menschen verwandeln und wie sie seine tiefste Sehnsucht stillen kann. Aber zugleich sehen wir, wie die Mystiker nach Worten ringen, um diese Erfahrung auszudrücken, und wie sie immer wieder vor dem Geheimnis einer erotischen Gottesliebe kapitulieren. So können wir auch am Ende dieser Kleinschrift keinen konkreten Weg angeben, wie die Verbindung von Mystik und Eros gelingen kann. Eros und Sexualität entziehen sich immer wieder unserem Zugriff, sie lassen sich nicht vereinnahmen, nicht beherrschen. So können wir von uns nicht behaupten, daß wir Mystik und Eros miteinander verbinden können. Wir spüren den Reiz, der davon ausgeht, aber sobald wir es beschreiben wollen, weichen die Worte zurück. So ist diese Kleinschrift weithin nur ein Ringen um Worte geblieben, das Geheimnis von Mystik und Eros zu umschreiben.

Mystik und Eros gehören zusammen. Aber sie

werden immer auch in Spannung zueinander stehen. Wir können diese Spannung nicht aufheben. Manchmal droht sie uns zu zerreißen. Aber wenn wir uns mit dieser Grundspannung unseres Menschseins aussöhnen, dann kann Gott in unsern Leib und unsere Seele die Leiter hineinstellen, die wie in der Jakobsgeschichte den Himmel über uns öffnet und uns zu Gott führt. Dann werden sowohl unser Leib mit seiner Sexualität als auch unsere Seele mit ihrer unendlichen Sehnsucht die Holme der Leiter bilden, auf der wir zum Gipfel der Gottesliebe aufsteigen dürfen, auf der uns die Gipfelerfahrung der Ekstase in Gott hinein geschenkt wird. Ohne den Holm des Leibes, ohne die Kraft der Sexualität und ohne die Phantasie des Eros, wird die Leiter zu Gott zusammenstürzen. Jede Sprosse der Leiter zu Gott ist nur dann tragfähig, wenn sie Leib und Seele, Eros und Mystik, Sexualität und Transzendenz, verbindet. Gott selbst, so sagt uns Benedikt in seiner Regel, hat uns in der Jakobsleiter ein Bild dafür gezeigt, wie wir Eros und Mystik miteinander verbinden können. Gott hat unsern Leib und unsere Seele, unsere Sexualität und unsere Transzendenz so zusammengefügt, daß sie uns über uns hinausführen, daß der Himmel sich über uns öffnet und Engel auf- und niedersteigen. In der mystischen Erfahrung tut sich der Himmel über uns auf und wir dürfen einen Blick werfen auf den Gott, der mit uns geht, der uns mit seiner Liebe einhüllt und unserem Leben einen neuen Geschmack schenkt. Jakob darf seine mystische Erfahrung machen, als er auf der Suche nach einer Frau ist, als der Eros ihn zu einer Frau treibt. So will Gott den Himmel über uns öffnen, wenn wir uns von der Liebe aufbrechen lassen, wenn wir der erotischen Spur folgen. Der Eros treibt uns in Gott hinein, dessen Liebe uns mehr und mehr anzieht, bis wir mit ihm eins werden in der Ekstase und Verschmelzung mystischer Liebe.

LITERATUR

Roberto Assagioli, Psychosynthese und transpersonale Entwicklung, Paderborn 1992.

Georges Bataille, Der heilige Eros, Neuwied 1963.

Werner Beierwaltes, Plotins philosophische Mystik, in: Grundfragen christlicher Mystik, hrsg. v. M. Schmidt, Stuttgart 1987, 39-49.

Emile Bertaud et André Rayez, Echelle Spirituelle, in: Dictionnaire de Spiritualité, Paris 1960, 62-86.

Aquinata Böckmann, Perspektive der Regula Benedicti, Münsterschwarzach 1986.

John Bradshaw, Das Kind in uns. Wie finde ich zu mir selbst, München 1992.

Martin Buber, Erzählungen der Chassidim, Zürich 1949.

James Bugental, Stufen therapeutischer Entwicklung, ebd. 212-220.

Christliche Mystik. Texte aus zwei Jahrtausenden, hrg. v. Gerhard Ruhbach und Josef Sudbrack, München 1989.

Meister Eckehart, Deutsche Predigten und Traktate, hrsg. v. J. Quint, München 1955.

James Fadiman, Der transpersonale Standpunkt, in: Psychologie in der Wende, hrsg. v. R.N. Walsh u. F. Vaughan, München 1985, 194-201.

Alois Maria Haas, Gottleiden – Gottlieben. Zur volkssprachlichen Mystik im Mittelalter, Frankfurt 1989.

Georg Holzherr, Die Benediktsregel, Benziger 1980.

Willigis Jäger, Suche nach dem Sinn des Lebens. Bewußtseinswandel durch den Weg nach innen, Petersberg 1991.

Hans Jellouschek, Männer und Frauen auf dem Weg zu neuen Beziehungsformen, in: Der Umbruch im Mann, hrgs. v. P.M. Pflüger, Olten 1989, 174-189.

C.G. Jung, Ges. Werke, Band 5, Olten 1973.

C.G. Jung, Ges. Werke, Band 16, Zürich 1958.

Ulrich Köpf, Hoheliedauslegung als Quelle einer Theologie der Mystik, ebd. 50-72.

Abraham Maslow, Eine Theorie der Metamotivation, ebd. 143-152.

Anthony de Mello, Der springende Punkt. Wach werden und glücklich sein, Freiburg 1991.

Paul Mommaers, Was ist Mystik?, Frankfurt 1979.

Wunibald Müller, Intimität. Vom Reichtum ganzheitlicher Begegnung, Mainz 1989.

Wunibald Müller, Ekstase. Sexualität und Spiritualität. Mainz 1992.

Evagrios Pontikos, Briefe aus der Wüste, übers. v. G. Bunge, Trier 1986.

Bruno-Paul de Roeck, Gras unter meinen Füßen, Reinbek 1991.

Friedrich Rotter, Nähe Gottes und „Gottfremde". Mystische Erfahrungen der hl. Mechthild von Magdeburg, Aschaffenburg 1980.

Peter Schellenbaum, Die Wunde der Ungeliebten, München 1989.

Peter Schellenbaum, Stichwort: Gottesbild, Stuttgart 1981.

Walter Schubart, Religion und Eros, München 1941.

Marsha Sinetar, Die Sehnsucht ganz zu sein, Freiburg 1991.

Otger Steggink, Wie affektiv ist Mystik, wie mystisch ist Affektivität?, in: Mystik. Band 1. Ihre Struktur und Dynamik, hrg. v. O. Steggink, Düsseldorf 1983, 119-138.

Bernhard Stoeckle, Eros, in: Lexikon für Spiritualität, Freiburg 1988, 331-335.

Wolfgang Struve, Im Vorgebirge der Ewigkeit. West-östliche Mystik und das Problem absoluter Transzendenz, in: Wissende, Verschwiegene, Eingeweihte, hrs. v. G-K. Kaltenbrunner, München 1981, 102-127.

Pierre Teilhard de Chardin, Das Herz der Materie, Olten 1990.

Pierre Teilhard de Chardin, Briefe an Frauen, hrg. v. Günther Schiwy, Freiburg 1988.

Thich Nhat Hanh, Das Wunder der Achtsamkeit. Einführung in die Meditation, Zürich 1988.

Thich Nhat Hanh, Ich pflanze ein Lächeln. Der Weg der Achtsamkeit, München 1991.

Herman Vekeman, Erotik und eheliche Liebe bei Hadewich, ebd. 176-188.

Kees Waaijman, Noch einmal: Was ist Mystik?, ebd. 38-57.

Ken Wilber, Wege zum Selbst, München 1984.

Friedrich Wulf, Mystik, in: HthG II, München, 1963, 181-193.

MÜNSTERSCHWARZACHER KLEINSCHRIFTEN

Schriften zum geistlichen Leben   ISSN 0171-6360

48	Rickert, R., **Kieselsteine**	(1988)	52 S., DM	6,00
49	Abeln/Kner, **Such dir einen Einsamen**	(1988)	44 S., DM	5,20
50	Grün, A., **Chorgebet und Kontemplation**	(1988)	68 S., DM	7,60
51	Doppelfeld/Stahl, **Mit Maria auf dem Weg d.Gl.**	(1989)	68 S., DM	7,60
52	Grün, A., **Träume auf dem geistlichen Weg**	(1989)	68 S., DM	7,80
53	Kreppold, G., **Die Bergpredigt,** Teil 1	(1989)	88 S., DM	9,80
54	Kreppold, G., **Die Bergpredigt,** Teil 2	(1989)	72 S., DM	7,80
56	Doppelfeld, B., **Lebt gemäß eurer Berufung**	(1989)	68 S., DM	7,40
57	Grün/Dufner, **Gesundheit als geistl. Aufgabe**	(1989)	108 S., DM	10,80
58	Grün, A., **Ehelos - des Lebens wegen**	(1989)	88 S., DM	9,80
59	Staniloae, D., **Gebet und Heiligkeit**	(1990)	48 S., DM	5,80
60	Grün, A., **Gebet als Begegnung**	(1990)	88 S., DM	9,80
61	Doppelfeld, B., **Mission als Austausch**	(1990)	72 S., DM	7,80
62	Abeln/Kner, **Kein Weg im Leben ist vergebens**	(1990)	56 S., DM	6,40
63	Faricy/Wicks, **Jesus betrachten**	(1990)	40 S., DM	5,60
64	Grün, A., **Eucharistie und Selbstwerdung**	(1990)	94 S., DM	9,80
65	Doppelfeld, B., **Ein Gott aller Menschen**	(1991)	80 S., DM	8,80
66	Abeln/Kner, **Wie werde ich fertig m.m. Alter?**	(1992)	76 S., DM	8,40
67	Grün, A., **Geistl. Begleitung bei d.Wüstenv.**	(1992)	100 S., DM	10,80
68	Grün, A., **Tiefenpsycholog. Schriftauslegung**	(1992)	108 S., DM	10,80
69	Doppelfeld, B., **Symbole,** Teil 1	(1993)	112 S., DM	11,80
70	Doppelfeld, B., **Symbole,** Teil 2	(1993)	100 S., DM	10,80
71	Grün, A., **Bilder von Verwandlung**	(1993)	100 S., DM	10,80
72	Simons, G.F., **Religiöse Erfahrung**	(1993)	100 S., DM	10,80
73	Müller, W., **Meine Seele weint**	(1993)	68 S., DM	7,80
74	McDonnell, K., **Die Flamme neu entfachen**	(1993)	44 S., DM	5,80
75	Alphonso, H., **Die Persönliche Erfahrung**	(1993)	70 S., DM	8,40
76	Grün/Riedl, **Mystik und Eros**	(1993)	114 S., DM	12,80
77	Ziegler, G., **Der Weg zur Lebendigkeit**	(1993)	76 S., DM	8,80
78	Doppelfeld, B., **Symbole,** Teil 3	(1993)	88 S., DM	9,80
79	Ruppert, F., **Der Abt als Mensch**	(1993)	48 S., DM	5,80
80	Tiguila, B., **Afrikanische Weisheit**	(1993)	50 S., DM	6,40
81	Grün, A., **Biblische Bilder von Erlösung**	(1993)	102 S., DM	10,80
82	Grün, A., **Spiritualität von unten**	(1994)	108 S., DM	12,80
83	Doppelfeld, B., **Symbole,** Teil 4	(1994)	74 S., DM	8,80
84	Wilde, M., **Ich verstehe dich nicht!**	(1994)	56 S., DM	6,40
85	Abeln/Kner, **Das Kreuz mit dem Kreuz**	(1994)	68 S., DM	7,80

Weitere Veröffentlichungen folgen.

Vier-Türme-Verlag
D-97359 Münsterschwarzach Abtei

Telefon 0 93 24/20-2 92
Telefax 0 93 24/20-4 52